Das 1x1 der Psychologie

Emotionale Intelligenz I Menschen lesen I Rhetorik: Wie Sie sich vor Manipulationen schützen & mittels simpler Kommunikationstechniken Ihren Gegenüber für sich gewinnen

Andreas Lerchenfeld

ISBN – 9798366476997

Inhaltsverzeichnis

Einleitung

Haben Sie sich schon oft gefragt, was Sie in Gesprächen besser machen können, um verstanden zu werden? Auf welche Feinheiten kommt es an, wenn man mit anderen Menschen kommuniziert und sich und seine Vorhaben durchsetzen möchte? Wie liest man zwischen den Zeilen? All diese und noch mehr Fragen stellen sich Menschen Tag für Tag. Es ist nicht einfach, sich in zwischenmenschlichen Beziehungen richtig zu verhalten. Man kann viel falsch machen, denn die richtige Art, mit Menschen in Kontakt zu treten, wird uns nicht einfach in die Wiege gelegt. Sie muss erlernt werden.

Wenn Sie oft missverstanden werden, oder wenn Sie andere oft missverstehen, dann haben Sie vielleicht einfach noch nicht die richtigen Kommunikationsmittel gelernt! Kommunikation und Rhetorik, Überzeugungskraft und emotionale Intelligenz – darauf kommt es an, wenn Sie erfolgreicher durch die Welt gehen wollen.

Denken Sie oft: „Ich schaffe es nicht, mich durchzusetzen. Ich lasse mir zu viel gefallen und bin im Alltag viel zu angepasst!"? Auch Durchsetzungsvermögen kann erlernt werden! Es kommt vor allem auf Ihre emotionale Intelligenz und Ihr Selbstbewusstsein an. Schöpfen Sie Vertrauen und Selbstsicherheit, treten Sie mit mehr Präsenz auf, und werden Sie gesehen und gehört! Sie werden sehen, dass Sie sich besser fühlen werden, sobald Sie Ihr Urvertrauen wieder entdecken.

In diesem Buch möchte ich Ihnen einige grundlegende Weisheiten mit auf den Weg geben, die nicht alle wissenschaftlich getestet sind, aber auf jeden Fall hilfreich, im Erlernen neuer Selbstsicherheit, im Umgang mit Emotionen und in der Verbesserung Ihrer Sprachfertigkeiten.

Manche Personen haben das große Glück, diese Eigenschaften von klein auf erlernt zu haben, aber der Großteil von uns, muss sich viele dieser Charakteristiken erst angewöhnen und lernen. Eltern sind dafür verantwortlich, Ihren Kindern beizubringen, dass sie anderen Menschen vertrauen können, dass Sie sich auf andere und auf sich selbst verlassen können. In diesem Ratgeber, werden Sie unter anderem lernen, wie Sie Ihren Kindern diese lebenswichtigen Fähigkeiten beibringen können.

Die erfolgreichsten Menschen der Welt verfügen alle über außergewöhnliche Fähigkeiten in diesen Bereichen. Sie stechen aus der Masse hervor, sie lassen sich nicht von ein paar Steinchen im Weg von ihren Vorhaben abbringen, sie können sich in Gesprächen behaupten! Und all das können auch Sie!

In diesem Buch bekommen Sie eine Einführung in das Thema Psychologie, Kommunikation, Manipulation und emotionale Intelligenz. Ich werde Ihnen einige Übungen mit auf den Weg geben, um Ihr Selbstbewusstsein zu stärken und auch, das Ihrer Kinder ideal aufzubauen. Sie bekommen eine Einführung in verschiedene Kommunikationstechniken und lernen, wie Sie die Körpersprache anderer Menschen richtig deuten können. Das Buch in Ihren Händen gibt Ihnen die Mittel, die Sie für ein erfolgreiches Leben brauchen.

Lassen Sie uns einen Blick in die Welt der Kommunikation, Rhetorik, Manipulation und emotionale Intelligenz werfen. Diese Fähigkeiten sind eng miteinander verbunden und zeichnen durchsetzungsstarke Menschen aus. Sie sind also die ideale Basis, um in ein zufriedeneres, ausgeglicheneres Leben zu starten.

In der Psychologie versteht man unter Kommunikation nicht nur das, was wir einander sagen oder schreiben. Vielmehr ist es das, was nicht gesagt wird, das zu Verständnis oder Unverständnis führt. Wir sprechen mehr mit unserem Körper als mit unserem Mund. Oft sind wir uns den Signalen, die wir aussenden, gar nicht bewusst.

Stellen Sie sich vor, Sie sitzen in einem Wartezimmer beim Arzt. Ihnen gegenüber sitzt ein Mann. Er hat die Beine mal um die Stuhlbeine geschlungen, und dann wippt er mit ihnen auf und ab. Die Stirn liegt in Falten. Sie könnten seinen Gesichtsausdruck als nachdenklich und seine Körperhaltung als angespannt bezeichnen. Seine Finger tippen immer wieder auf die Stuhllehne, als würde er auf ihr Klavier spielen. Er atmet schwer, seine Brust hebt und senkt sich sichtbar und zwischendurch stockt sein Atem. Er überkreuzt die Beine zuerst links und dann rechts. Der Mann macht viele kleine Bewegungen mit den Händen und auch mit den Zehen. In diesem Moment kommuniziert dieser Mensch mit Ihnen, obwohl er es gar nicht bemerkt und noch kein einziges Wort gesagt hat. Aus seiner Mimik und Gestik können Sie herauslesen, was dieser Mann in genau diesem Moment denkt. Die Art und Weise, wie er seinen Körper bewegt, lässt Sie weiter schließen, dass er eventuell Angst vor einer schweren Diagnose hat. Natürlich ist es auch möglich, dass er noch einen Termin hat und vom Warten genervt ist, oder dass er einen geliebten Menschen begleitet, der gerade untersucht wird. Wir können nicht genau sagen, wieso dieser Mensch die oben beschriebenen Verhaltensweisen zeigt. Wir können aber sicher davon ausgehen, dass er nervös ist und angespannt auf uns wirkt. Sein Unwohlsein drückt sich durch die vielen kleinen subtilen Bewegungen aus, die wir wahrnehmen.

Durch das Beobachten von Menschen können Sie sehr viel über sie erfahren. Aber nicht nur über andere können Sie dadurch viel erfahren, auch über sich selbst. Sehen wir uns die Situation im Wartezimmer noch einmal genau an. Was könnte die Schlussfolgerung, die wir gerade getroffen haben, über Sie selbst aussagen? Sie haben sich eventuell schon mal in einer ähnlichen Situation wiedergefunden oder fürchten sich selbst vor der Diagnose des Arztes. Denn man könnte die Körperhaltung des Mannes, den Sie beobachten, auch als Anzeichen deuten, dass er dringend auf die Toilette muss. Sie sehen also, Ihre Vorerfahrungen beeinflussen die Kommunikation immens, egal ob bewusst oder unbewusst.

Die versteckten Intentionen und Emotionen von Menschen richtig zu lesen, ist erlernbar. Wenn Sie wissen, auf welche Hinweise Sie achten müssen, können Sie lernen, Situationen besser einzuschätzen. Es geht dabei nicht darum, die Gedanken anderer Personen zu lesen. Das ist natürlich nicht möglich, Sie können lediglich einschätzen, wie sich dieses Individuum gerade fühlt. Ob es mit einer Situation zufrieden ist oder nicht und ob es Sympathie empfindet oder eher das Gegenteil.

Wenn Sie oft Reden halten oder Ihr öffentliches Auftreten verbessern wollen, ist die Fähigkeit der Rhetorik für Sie essenziell. Es gibt nichts Wichtigeres, als sich vor einem Publikum richtig zu präsentieren. Der Inhalt des Gesagten ist dabei sogar oft nebensächlich. Der ausschlaggebende Punkt ist tatsächlich das Wie. Wie formulieren Sie Ihre Sätze, wie gestikulieren Sie und wie nutzen Sie Intonation richtig, um Ihrem Vortrag eine Seele zu geben.

Lernen Sie, was Sie von sich selbst durch Ihre Körpersprache preisgeben und wie Sie es verhindern können, sich durch Ihre Mimik und Gestik zu verraten. Dieser Ratgeber zeigt Ihnen, was bestimmte Körperhaltungen und Bewegungen bedeuten. Solches Wissen ist nicht nur für Ihr berufliches Leben von Vorteil, sondern kann auch Ihre privaten, zwischenmenschlichen Beziehungen verbessern. Sehen wir uns also gemeinsam an, wie die einzelnen Disziplinen der Kommunikation und Manipulation zusammenhängen, welche Gesten und Mimik Lügner zeigen und wie Sie jemand ansieht, der in Sie verliebt ist. Auf den folgenden Seiten werden Sie anhand von Beispielen lernen, wie Sie Ihr Sozialleben durch gelungene Kommunikation positiv beeinflussen können.

Was ist Kommunikation?

Sprachliche Kommunikation ist ein wichtiges Werkzeug zwischenmenschlicher Beziehungen. Immerhin zeichnen wir Menschen uns durch unsere Sprache aus und wir heben uns dadurch auch von anderen Lebewesen auf unserem Planeten ab. Wir sind die einzigen Tiere auf der Erde, die eine geschriebene Sprache entwickelt haben und die Wörter zu sinnvollen Sätzen nach bestimmten Regeln kombinieren können. Natürlich kommunizieren auch Tiere miteinander, aber sie tun das auf eine andere Art und Weise als wir. Tiere sprechen so wie wir mit ihrem Körper und sie wenden Laute, Rufe und Pfiffe an, um sich miteinander zu verständigen. Ihre Art der Sprache ist mindestens so komplex wie unsere eigene und viele Tiere sind sogar dazu in der Lage, Teile unserer Sprache zu lernen. In Experimenten zeigte sich, dass auch Affen Wörter lernen können. Nachdem ihnen einige Zeit lang englische Wörter mit vier Buchstaben oder aber vier unsinnig aneinander gereihte Buchstaben, die keine Wörter ergaben, präsentiert wurden, konnten sie lernen, diese voneinander zu unterscheiden. Sie können sogar ein falsch geschriebenes Wort erkennen. Aber das alleinige Auswendiglernen von Wörtern oder Buchstaben macht noch keine Sprache aus. Man muss auch den Satzbau, also den Syntax, der jeweiligen Sprache kennen und sich genauso gut mit der Grammatik, den Regeln der Sprache, auskennen. Der Kontext ist ebenso wichtig. Es gibt auch hier Regeln, die angewandt werden müssen, damit wir uns in verschiedenen Situationen richtig verhalten. Und diese Regeln sind es, die uns Menschen von anderen Tieren unterscheiden. Wie kann ich Wörter zu sinnvollen Sätzen zusammensetzen? Welche Sätze, kann ich in bestimmten Situationen sagen, um jemanden zu beruhigen? Es ist dieses Wissen, das uns hilft, uns in sozialen Situationen richtig zu verhalten.

Wir sprechen jeden Tag unzählig viele Worte mit verschiedenen Menschen. Unser Miteinander wird davon bestimmt, wie effizient wir mit anderen kommunizieren können. Es gibt Techniken, die von der Psychologie und der Linguistik entwickelt wurden, um uns zu helfen, sinnvoll miteinander zu sprechen. Nicht nur die gesprochene Sprache ist dabei ausschlaggebend, sondern auch die kleinen Zeichen, die wir unbewusst mit unserer Körpersprache aussenden. Die Mimik, unsere Gesichtsausdrücke, und die Gestik, die Bewegungen unseres gesamten Körpers, sind neben unserer gesprochenen und geschriebenen Sprache, der Schlüssel zu einer erfolgreichen Verständigung.

Das Wort Kommunikation kommt aus dem Lateinischen und bedeutet „gemeinsam machen, teilen, vereinigen, mitteilen oder teilnehmen lassen“. Der Fokus liegt also auf Gemeinsam, auf dem Miteinander. Alleine kann man nicht kommunizieren, nur zu zweit oder in einer Gruppe kann Kommunikation stattfinden.

Kommunikation kann man lernen. Man muss sie sogar lernen, denn diese Besonderheit des Menschen ist nicht angeboren. Wir Menschen können durch unsere verbale Sprache ausdrücken, wie wir uns fühlen, was wir denken, welche Absichten und Pläne wir haben. Und wir können nicht nur das, wir können auch zwischen den Zeilen lesen. Wir können durch die Artikulation und Intonation unseres Gegenübers ableiten, wie dieser Mensch zu uns steht. Durch unsere nonverbale Sprache können wir noch mehr Informationen aus dem Gesagten herausholen. Vielleicht mag uns derjenige nicht besonders. Er wird sich dann wahrscheinlich mit dem Oberkörper von uns abwenden. Er wird die Distanz zwischen uns vergrößern. An der Reaktion einer Person können wir auch erkennen, ob sie gerade positive oder negative Neuigkeiten bekommen hat. Wenn jemand von einer Sekunde auf die andere erstarrt, hat er eventuell gerade etwas erfahren, was ihn erschreckt hat. Diese kurze Schrecksekunde ist notwendig, um zu überlegen, was er als Nächstes tun soll. Es ist eine Art Schutzmechanismus, der uns angeboren ist. Diese Reaktion kann uns viel über die Befindlichkeit der Person verraten.

Auf den nächsten Seiten möchte ich daher die verschiedenen Modelle der Kommunikation und die Reaktionsmuster nonverbaler Kommunikation erklären. Die wichtigsten Punkte daraus werde ich in einer Tabelle zusammenfassen, um einen kompakten Ratgeber zu effektiver Kommunikation zu erstellen. Ich werde Ihnen all die kleinen Verhaltensweisen vorstellen, die Menschen zeigen, um sich selbst zu beruhigen und mit denen sie, ohne auch nur ein Wort gesagt zu haben, viel über sich selbst preisgeben. Lernen Sie, wie man die Körpersprache anderer liest. Sie werden sehen, dieses Wissen wird Ihnen einen großen Vorteil in zwischenmenschlichen Begegnungen bieten. Durch das genaue Beobachten von Verhaltensweisen und der richtigen Interpretation ist es möglich, Situationen richtig einzuschätzen und vorherzusehen. Wenn Sie sich in die Lage und die Gefühlswelt einer anderen Person hineinversetzen können, haben Sie den großen Vorteil, Dinge vorherzusehen, die andere vielleicht erst bemerken würden, wenn es schon zu spät ist. Bevor wir aber mit der nonverbalen Kommunikation weitermachen, sehen wir uns zuerst mal die verbalen Feinheiten unserer Sprache genauer an. Im Kapitel Rhetorik werden Sie Ihre Aussprache und Intonation trainieren und sich perfekt auf das Sprechen vor kleinen und großen Gruppen vorbereiten.

Rhetorik

Rhetorik ist etwas, was Ihnen nicht nur dabei helfen kann, bessere Reden und Ansprachen zu halten, sondern Sie allgemein zu einem besseren Sprecher macht. Das griechische Wort bedeutet so viel wie "die Kunst des Redens". Rhetorik vereint die Disziplinen der Kommunikation und Manipulation. Die Fähigkeit zu überzeugen, die ja in der Manipulation eine wichtige Grundlage darstellt, wird allgemein als Dialektik bezeichnet. Diese besonderen Teilgebiete der Rhetorik werden wir in den nächsten Kapiteln besprechen, weswegen ich mich hier auf die Ebene des Vortrags konzentrieren möchte. Ich werde Ihnen nun einige Punkte vorstellen, die Ihnen dabei helfen können, ein besserer Redner zu werden:

Vorbereitung

Essen Sie vor Ihrem Vortrag keine schweren Mahlzeiten. Leichte Kost hilft Ihnen dabei, während der Rede die Konzentration aufrechtzuerhalten. Ein zu schweres Gericht, führt dazu, dass die Blutversorgung in den Magen geht und sich der Körper auf die Verdauung konzentriert. Sie brauchen jetzt allerdings Ihre gesamte Aufmerksamkeit im Gehirn.

Vorbereitung beinhaltet natürlich nicht nur das Essen vor der Rede, sondern auch die inhaltliche Vorbereitung. Üben Sie Ihren Vortrag gut ein. Sie sollten sicher sein und wissen, dass Sie das

Gesagte verstehen und aus dem Effeff beherrschen. Sie sind der Experte auf diesem Gebiet, Sie können den Zuhörern verständlich vermitteln, um was es in Ihrem Spezialbereich geht.

Haben Sie Selbstvertrauen und strahlen Sie das auch während Ihrer Ansprache aus. Wenn Sie an sich zweifeln, wird Ihr Publikum das merken. Seien Sie sich selbst also positiv eingestellt. Fehler zu machen, ist ebenfalls authentisch. Es macht nichts, wenn Sie sich mal versprechen oder eine längere Pause einlegen, um nachzudenken. Das ist menschlich! Ihr Publikum wird das sympathisch finden, denn jeder von den Personen, der Ihnen zuhört, kennt diese Situation und hat selbst schonmal Fehler gemacht.

Geschwindigkeit

Bremsen Sie sich ein. Reden Sie nicht zu schnell, aber natürlich auch nicht zu langsam. Wenn Sie bemerken, dass Sie Wortendungen schlucken und sehr schnell vor sich hin sprechen, sollten Sie etwas Tempo herausnehmen. Atmen Sie tief durch und sprechen Sie langsamer weiter.

Der Redefluss sollte natürlich sein. So wie, wenn Sie ein Gespräch mit einer vertrauten Person führen. Dadurch wirken Sie gelassen und authentisch.

Der Klang der Stimme macht viel Eindruck. Sie können ihn bewusst einsetzen, um eine Botschaft zu vermitteln. Wenn Sie zu schnell sprechen, können Sie keine richtigen Betonungen setzen und das Gesagte wird monoton. Zuhören ist anstrengend für Ihr Publikum. Sie dürfen es nicht überfordern.

Um die richtige Geschwindigkeit zu finden, üben Sie Ihre Rede vor dem Vortrag ein paar Mal. Am besten vor einem kleinen Publikum, das aus Ihren Freunden oder Ihrer Familie besteht. So wissen Sie, wie Sie sich selbst einbremsen, wann Sie zu schnell und wann zu langsam sind und was das perfekte Sprechtempo ist!

Weniger ist mehr

Versuchen Sie nicht alle Informationen in einen Satz oder eine Rede zu packen. Ihre Zuhörer werden sich sowieso nicht alles merken, was Sie zu sagen haben. Lieber weniger, dafür qualitativ hochwertige Informationen. Sie können Ihre Botschaft lebhafter gestalten, indem Sie sie mit Beispielen untermauern. Nennen Sie also eine Theorie, geben Sie immer ein persönliches oder allgemeines Beispiel, um den Personen, die Ihnen zuhören, das Verstehen zu erleichtern und das Interesse an dem, was Sie sagen, zu erhöhen.

In den Bann gezogen werden Menschen meistens von Emotionen. Mit Ich-Botschaften und emotional behafteten Beispielen geben Sie Ihrer Rede das gewisse Extra. Ich habe mal eine Rede von einem Motivationstrainer gehört, der wirklich jeden im Publikum mitgerissen hat. Er erzählte von Schicksalsschlägen, von Krankheiten in der Familie und war allgemein sehr offen. Der Kernpunkt seiner Aussagen war nur ein einziger, aber diesen untermauerte er mit Geschichten und Beispielen, sodass ihm alle gerne zuhörten und mit einem positiven Gefühl aus dem Saal gingen.

Aktive Satzstellung

In der deutschen Sprache gibt es, so wie in einigen anderen Sprachen auch, aktive und passive Sätze. Ich möchte Ihnen das mit einem Beispiel näher erläutern.

"Friedrich macht sich ein Spiegelei." – das ist ein aktiver Satz. Die Person, die die Aktivität ausführt, steht im Vordergrund.

"Das Spiegelei, wird von Friedrich gemacht." – das ist passiver Satz. Hier steht das Objekt im Vordergrund, in diesem Fall das Spiegelei.

Wenn Sie vor Leuten sprechen, sollten Sie lieber in aktiven Sätzen reden. Das können Sie bei der Planung Ihrer Rede berücksichtigen. Diese Art der Sprache verhindert Missverständnisse und ist klarer und deutlicher. Ihr Zuhörer versteht Sie besser, er kann Ihnen leichter folgen und Sie werden sehen, dass er Ihnen dadurch auch mehr Aufmerksamkeit schenken wird.

Tonfall anpassen

Die Sprache ist ein unglaublich wichtiges Werkzeug. Im Kapitel Kommunikation werden Sie noch mehr über dieses Wundermittel hören. Hier möchte ich Ihnen lediglich eine kurze Einführung in das Thema Tonfall und Sprechen geben, das Ihnen beim Reden helfen wird.

Kennen Sie Ihre Indifferenzlage? Das ist die Tonhöhe, mit der wir normalerweise sprechen. Stellen Sie sich vor, Sie hören jemandem zu und machen zwischendurch Verständnislaute wie: "Aha" oder "Ja". Die Tonlage, mit der Sie diese Worte sagen, ist Ihre Indifferenzlage.

Am natürlichsten wirkt Ihre Rede, wenn Sie in dieser Tonlage sprechen.

Weitere nützliche Tipps, um Ihrer Stimme den vollen Klang zu geben, möchte ich Ihnen jetzt vorstellen:

- ❐ Eine aufrechte Körperhaltung ist wichtig für unseren Stimmklang. Sänger üben das Singen immer mit geradem Rücken und hervorgestreckter Brust. So kann sich die Stimme besser entfalten. Außerdem gibt es Selbstbewusstsein und wir haben gleich eine andere Wirkung auf unser Publikum.
- ❐ Dehnen Sie Ihre Zunge mit kleinen Übungen. Diese können Sie super vor dem Sprechen durchführen. Strecken Sie Ihre Zunge so weit es geht heraus. Gähnen Sie ein- oder zweimal kräftig und machen Sie Kaubewegungen oder kauen Sie großzügig Kaugummi.
- ❐ Wenn Sie eine leise Stimme haben, sprechen Sie alles, was Sie sagen, deutlich aus. Die Artikulation ist wichtig, damit Sie von ihrem Publikum verstanden werden.
- ❐ Nach jedem Satz senken Sie ihre Stimme und machen Sie eine kurze Pause. Verwenden Sie daher, wie oben schon

erwähnt, eher kurze Sätze und keine Unmengen an Information in einem Satz.

Die Betonung Ihres Satzes können Sie davon abhängig machen, was Sie besonders hervorheben möchten. Sagen Sie zum Beispiel: "Die Katze hat den Vogel gefressen!" und die Betonung liegt auf dem Vogel, wollen Sie genau dieses Element hervorheben und deutlich machen. Sie können aber auch sagen: "Die Katze hat den Vogel gefressen!" und dadurch ausdrücken, dass es zum Beispiel nicht der Hund war, sondern die Katze. Versuchen Sie diese beiden Sätze laut auszusprechen und mit der richtigen Betonung zu untermauern.

Durch lautes Lesen üben Sie Intonationen und verschiedene Sprechvarianten. Wenn Sie Kinder haben, lesen Sie Ihnen ein Buch vor und versuchen Sie die Sätze mit Klang und Deutlichkeit auszusprechen. Lesen Sie auch sich selbst vor und senken Sie Ihre Stimme am Ende jedes Satzes. Sie können damit sogar schon bei diesem Buch anfangen. Halten Sie sich also selbst eine Rede und üben Sie somit Ihre rhetorischen Fähigkeiten.

Wichtig bei der Intonation ist auch der Atem. Die Physik der Sprache zeigt uns, wie Töne überhaupt entstehen. Das hängt nämlich mit den Schwingungen der Stimmbänder zusammen. Beim Sprechen atmen wir aus und n den Pausen ein. Wenn wir zu schnell reden oder zu aufgeregt sind, vernachlässigen wir den Atem und die Tonqualität unserer Stimme nimmt ab.

Atmen Sie deshalb in Ihren Bauch hinein und beobachten Sie, wie sich dieser hebt und senkt.

Vor dem Sprechen können Sie sich mithilfe von Atemübungen beruhigen und sich in einen richtigen Atemrhythmus versetzen. Ich möchte Ihnen hier eine kleine Übung vorstellen, durch die Sie sich schnell beruhigen können. Sie wird auch in der Meditation, oder beziehungsweise vor der Meditation verwendet, um in einen tiefenentspannten Zustand zu wechseln. Die Atemtechnik heißt Pranayama, kommt aus dem Sanskrit und wird schon seit Jahrhundert zur Entspannung eingesetzt. Und so funktioniert sie:

1. Setzen Sie sich zuerst aufrecht hin. Sie können am Boden sitzen, mit überkreuzten oder ausgestreckten Beinen oder bequem auf einem Stuhl.
2. Nehmen Sie den Daumen und den Ringfinger Ihrer linken Hand und beugen Sie alle anderen Finger. Den kleinen Finger können Sie ebenfalls ausgestreckt lassen und an den Ringfinger schmiegen
3. Halten Sie mit dem Daumen Ihr linkes Nasenloch zu und atmen Sie mit dem rechten tief ein und wieder vollständig aus.
4. Dann wechseln Sie und halten mit Ihrem Ringfinger das rechte Nasenloch zu. Sie atmen nun mit dem linken vollständig ein und wieder aus.
5. Diese Übung wiederholen Sie jetzt einige Male. Sie können es so oft tun, wie Sie wollen.
6. Wenn Sie leichten Schwindel verspüren oder sich unwohl fühlen, brechen Sie ab und atmen Sie ganz normal weiter. Versuchen Sie einfach tief ein und auszuatmen und nach jedem Einatmen die Luft kurz in Ihrer Lunge zu halten.

Alternativ können Sie auch durch die Nase einatmen und durch den Mund wieder aus. Beim Ausatmen machen Sie ein lautes "f"-Geräusch.

Um Ihren Tonfall langfristig zu verbessern, sollten Sie Ihre Gesichtsmuskulatur trainieren. Machen Sie dazu Übungen mit Ihrer Zunge, Ihren Lippen und Ihrem Kiefer.

Ihre Zunge sollten Sie zuallererst mal kennenlernen. Erkunden Sie mit Ihr den Mundraum und sehen Sie sich in einem Spiegel genau an. Tippen Sie jeden einzelnen Zahn an und streicheln Sie mit Ihrer Zunge den Gaumen. Nachdem Sie diese Übungen einige Male durchgeführt haben, sprechen Sie Töne aus, die die Zunge sehr fordern, wie zum Beispiel "PTK" oder "LALALA" oder auch "DADUDADI".

Als Nächstes ist der Kiefer dran. Ihr Unterkiefer beginnt unter den Ohren und Ihr Oberkiefer ungefähr in der Mitte der Ohren. Massieren Sie von den Ohren bis zum Kinn auf beiden Seiten des Kopfes Ihre Kiefermuskulatur. Oft setzt sich hier einiges an Stress fest. Lockern Sie nach oder auch während der Massage Ihren Kiefer, indem Sie ihn hin und her und auf und ab bewegen.

Ihre Lippen trainieren Sie am besten, indem Sie etwas zylinderförmiges zwischen Ihre Lippen stecken und dann versuchen, damit zu sprechen. Nach dieser Übung, pusten Sie durch Ihre Lippen, um sie zum Vibrieren und Schwingen zu bringen. Wie ein Pferd, das gerade schnaubt.

Zu guter Letzt, fehlt nur noch das Training der Stimme selbst. Schließen Sie Ihre Lippen und summen Sie in abwechselnden Tonlagen ein "M". Sie werden auf Ihren Lippen und in Ihrer Kehle eine Vibration spüren. Je stärker es vibriert, desto klangvoller ist Ihre Stimme.

Pausen

Wie beim Tonfall kommt es auch in den Pausen auf das Atmen an. Machen Sie zwischen den Sätzen, mit denen Sie einen Absatz beenden, oder an Stellen, an denen Ihr Publikum über eine Information nachdenken soll, eine Pause. Unser Körper bekommt dadurch neue Energie und Ihr nächster Satz wird kraftvoller und wirkungsvoller sein.

In dieser Pause dürfen Sie auch einen Blick auf Ihre Zuhörer werfen. Versuchen Sie, jede einzelne Person anzusehen. Sehen Sie ihnen in die Augen und geben Sie ihnen somit das Gefühl, ganz auf sie fokussiert zu sein und sie direkt anzusprechen. Blickkontakt ist ein sehr wertvolles Werkzeug in der Kommunikation. Ein gesenkter Blick kann jedenfalls als Desinteresse interpretiert werden oder als Unsicherheit aufgefasst werden.

In dieser kurzen Pause haben Sie ebenfalls die Möglichkeit, Ihren Körper zu checken. Stellen Sie sich wieder aufrecht hin, strecken Sie die Brust raus, achten Sie auf Ihre Gestik und Mimik. Wenn Sie etwas Lustiges erzählt haben, lachen Sie! Ich finde Stand-up-Comedians um einiges lustiger und aufrechter, wenn Sie über Ihre eigenen Witze lachen können! Untermauern Sie Ihre Aussagen also wiedermal mit Emotionen und den für die Emotion typischen Gesichtsausdrücken oder Reaktionen.

Übertreiben Sie es nicht mit den Pausen, sondern setzen Sie sie gekonnt an den Stellen ein, an denen sie Wirkung zeigen. Sie können auch demonstrative Handlungen in die Pausen einbauen. Vielleicht kennen Sie die Folge der Kultserie Friends, in der Ross Geller eine Rede auf Barbados halten soll. Während er die Rede seinem Vorgesetzten vorstellt, wirft er seine Redeunterlagen in den Papierkorb als er sagt, dass man mit den neuesten Erkenntnissen der Forschung alles, was man bisher gewusst hat, in den Müll werfen kann. Das ist eine eindrucksvolle Geste, die das, was er gerade gesagt hat, untermauert und hervorhebt.

Das Publikum miteinbeziehen

Was mich bei Reden immer sehr mitreißt, sind aktive Fragerunden, in denen das gesamte Publikum miteinbezogen wird. Ich habe das selbst in einem Rhetorik-Seminar mitbekommen und bin restlos davon überzeugt, dass jeder Vortrag seine Zuhörer in das Gesagte einbinden muss. Beginnen Sie beispielsweise mit einer Frage. Wenn Sie etwas zum Klimawandel erzählen, dann könnten Sie fragen: "Wie viel Hitze, können Sie ertragen?" oder "Wissen wie viel Müll wir täglich wegwerfen?". Die Fragen müssen zum Thema passen und dem Publikum einen Denkanstoß geben. Auch wenn es nur rhetorische Fragen sind, können Sie gut wirken.

Sie können, wenn es dazu passt, auch Abstimmungen einbauen, in denen die Personen Ihre Hände heben müssen. Mittlerweile gibt es auch interaktive Tools, die man perfekt für Präsentationen verwenden kann. Nachdem nahezu jeder von uns ein Smartphone besitzt, kann man toll ein Spiel oder Quiz und eine Abstimmung in seine Vorträge einbauen.

Versuchen Sie auch, Ihre Zuhörer durch körperliche Aktivitäten einzubinden. Lassen Sie sie aufstehen, oder sich an bestimmten Körperteilen berühren oder kleine Übungen machen.

Am wichtigsten ist es allerdings, die Menschen, denen Sie etwas vermitteln wollen, mit dem Gesagten zu Betroffenen zu machen. Es muss sie direkt ansprechen und Ihnen das Gefühl geben, in der Thematik mittendrin zu sein.

Gestik

Im Kapitel Körpersprache widmen wir uns intensiv Ihrer Gestik und Mimik. Wie viel Einfluss Bewegungen haben können, möchte ich Ihnen aber schon hier vermitteln. Stellen Sie sich vor, Sie sprechen mit jemandem auf der Straße, der mit seinen Händen wild herumfuchtelt. Sie fürchten sich beinahe ein bisschen, das Gewackel wirkt bedrohlich auf Sie. In einem Gespräch unter zwei Menschen ist keine intensive Gestikulation notwendig. Sie sollten sich eher zurückhalten und nur, wenn es nötig ist, in bestimmte Richtungen zeigen oder andere Bewegungen durchführen. Wir werden später noch erfahren, was verschränkte Arme oder Beine und ein nach vorne geneigter Oberkörper zu bedeuten haben.

Je größer die Gruppe, vor der Sie sprechen, desto weiter können auch Ihre Bewegungen sein. Ein Redner, der vor 200 Menschen spricht und sich die ganze Zeit nicht vom Fleck bewegt, wirkt langweilig und das Publikum wird rasch das Interesse verlieren.

Im Kapitel zur emotionalen Intelligenz werden wir noch genauer über die Wechselwirkung zwischen Gefühlen und Gedanken sprechen. Ich möchte jedoch hier kurz erwähnen, dass Sie Ihren Körper bewusst mittels Gesichtsausdrücken beeinflussen können. Ein Lächeln verändert den Klang Ihrer Stimme, das ist auch am Telefon hörbar. Eine aufrechte Körperhaltung macht uns zufriedener. Eine Studie fand heraus, dass wir uns in aufrechter Position wesentlich ausdauernder verhalten und länger an der Lösung eines Problems arbeiten. Körperpostionen, die wahre Wunder wirken, sind zum Beispiel die Superman oder Superwoman-Pose, in der Sie Ihre Arme in die Seiten stemmen.

Wenn Sie Ihre Rede üben, stellen Sie sich also am besten vor einen Spiegel und nehmen Sie verschiedene Positionen ein. Die Tabelle aus dem Kapitel Körpersprache gibt Ihnen einen Überblick, über die Körperhaltungen, durch die Sie Wohlgefühl ausdrücken.

Setzen Sie also Ihre Gestik gekonnt ein, um verschiedenes zu unterstreichen und Ihrem Publikum das Gesagte zu verdeutlichen. Sprechen Sie von einem Kreislauf, können Sie mit der Hand einen Kreis zeichnen. Reden Sie von einer Box, in der wir stecken und aus der wir hinausblicken wollen, dann zeichnen Sie mit dem Zeigefinger ein Quadrat in die Luft. Ich denke, Sie verstehen, worauf ich hinauswill.

Im nächsten Unterkapitel widmen wir uns einem Teilbereich der emotionalen Intelligenz. Sich anderen gegenüber empathisch zu verhalten, kann Ihnen viele Hindernisse in der zwischenmenschlichen Kommunikation aus dem Weg schaffen. Tauchen wir also ein, in die Welt der Nächstenliebe und sehen wir uns einige wissenschaftliche Erkenntnisse an, die die Wichtigkeit von Empathie unterstreichen.

Empathie

Man bezeichnet die Fähigkeit sich in andere hineinzuversetzen auch als Empathie. Im Duden ist Empathie als die Bereitschaft und Fähigkeit, sich in die Befindlichkeiten anderer Menschen einzufühlen, definiert. Mitgefühl ist eine Persönlichkeitseigenschaft, die bei einem Menschen mehr oder weniger stark ausgeprägt sein kann. Manch einer ist sehr gut darin, zu erspüren, wie sich jemand fühlt und andere können vielleicht nur erahnen, dass sich ihr Gegenüber nicht wohlfühlt. Wie das Wort Mitgefühl schon sagt, fühlt man die Emotionen des anderen selbst. Man weiß also nicht nur, dass sich jemand schlecht fühlt, man fühlt sich auch selbst schlecht. Dieses mitfühlende Verhalten kann man schon bei Neugeborenen erkennen. Babys orientieren sich sehr stark an den Emotionen ihrer Mitmenschen. Das ist evolutionär gesehen auch eine wichtige Überlebensstrategie. Das Erkennen von Emotionen kann ihnen Aufschluss über die Situation geben. Babys fühlen sich instinktiv sicher oder unsicher, je nachdem wie die Menschen in ihrer Umgebung sich verhalten. Sie fangen an zu weinen, wenn sie andere Kinder weinen hören oder beginnen zu lachen, wenn sie ein freundliches Gesicht sehen.

Durch die Reaktion, die wir auf das kindliche Verhalten zeigen, können wir sein Wohlbefinden stark beeinflussen. Ein bekanntes Experiment zum Sozialverhalten von Säuglingen ist das Still-Face Paradigma. Dabei wird eine Mutter instruiert, mit ihrem Baby zu spielen und mit ihm zu kommunizieren. Das Kind reagiert auf die Bewegungen und die Gesichtsausdrücke der Mutter. Es sieht seiner Mutter in die Augen, winkt mit den Händen, macht Geräusche und lächelt, um sich mit ihr auszutauschen. Doch dann hört die Mutter plötzlich auf, auf das Baby zu reagieren. Ihr Gesichtsausdruck erstarrt. Nach nur wenigen Augenblicken verändert sich auch der Gemütszustand des Kindes. Das gerade noch fröhlich gurrende Kind versucht verzweifelt, seine Mutter wieder in die Interaktion miteinzubinden. Es kreischt, zeigt auf Dinge und beginnt schließlich entmutigt zu weinen. Es dreht sich von seiner Mutter weg, um sich vor den negativen Emotionen zu schützen. Das Baby steht unter Stress und verliert die Kontrolle über seine Körperhaltung. Nach zwei Minuten wendet sich die Mutter ihrem Kind wieder liebevoll zu. Das Baby hört auf zu weinen und beginnt wieder mit ihr zu interagieren.

Dieses Experiment zeigt, was für schwerwiegende Folgen eine unter Depressionen leidende Mutter auf die kindliche Entwicklung haben kann. Kinder sind in der Lage, die Emotionen ihrer Mitmenschen am eigenen Leib zu spüren. Sie brauchen positive Interaktionen, wollen verstanden und gehört werden. Auf die Emotionen und Expressionen seines Kindes zu reagieren, ist daher unabdingbar in der Interaktion mit ihm. Wir sollten also schon unseren Kleinsten empathisch entgegentreten, damit sie lernen, auch die Emotionen und Bedürfnisse anderer Menschen richtig zu erkennen und ernst zu nehmen

Theory of Mind

Ein Kleinkind weiß noch nicht, dass sich seine Gedanken von denen seiner Mitmenschen unterscheiden. Dieses Wissen, welches grundlegend dafür ist, das Verhalten anderer vorherzusagen und zu interpretieren, entwickelt sich ungefähr im fünften Lebensjahr. Soziale Interaktion kann nur funktionieren, wenn wir wissen, dass jemand die Welt anders wahrnehmen kann als wir selbst. Diese Kenntnis wird als Theory of Mind bezeichnet. In einer klassischen Untersuchung wurde Kindern eine Geschichte über zwei Puppen erzählt, Sally und Ann. Sally hat eine Murmel, die sie in einem Korb versteckt. Daraufhin verlässt sie den Raum und Ann nimmt die Murmel aus dem Korb und versteckt sie in einer Box. Die Aufgabe des Kindes ist es nun zu wissen, wo Sally nach ihrer Murmel suchen wird. Wird sie in den Korb schauen oder wird sie die Murmel in der Box suchen?

Wir Erwachsenen wissen, dass Sally nicht ahnen kann, dass Ann die Murmel bewegt hat. Sally war nicht anwesend, als die Veränderung passierte. Für sie ist die Murmel immer noch im Korb, wo sie von ihr abgelegt wurde. Für Kinder ist diese Schlussfolgerung allerdings nicht so einfach. Ein 3-jähriges Kind wäre wahrscheinlich überzeugt davon, dass Sally sofort in der Box nach der Murmel suchen würde. Sie können ihre eigenen Gedanken noch nicht von denen anderer abgrenzen.

Um ein Verständnis von dem zu bekommen, was andere denken und um zu erkennen, dass diese Gedanken von unseren eigenen abweichen können, braucht es eine Serie an komplexen Fähigkeiten, die sich erst mit der Zeit bei uns Menschen entwickeln. Wir sind mit den biologischen Grundlagen ausgestattet, Empathie zu empfinden, aber wir müssen erst lernen, uns auch davon abzugrenzen, was andere fühlen.

Biologische Grundlagen von Empathie

In unserem Gehirn gibt es eine Vielzahl an Nervenzellen, die für unsere Wahrnehmung und unser Verhalten zuständig sind. Es gibt Systeme für Sprache, für Emotionen, für das Gedächtnis, für unsere Bewegungen, für das Rechnen und für unsere Sinne. All diese Systeme sind miteinander vernetzt und stehen im ständigen Austausch. Durch Lernprozesse nutzen wir einige Systeme in unserem Gehirn mehr als andere. Wenn wir ein Neuronensystem in unserem Gehirn wenig nutzen, wird es mit der Zeit verkümmern und sich nicht mehr weiterentwickeln. Das kann man ganz gut bei sich selbst beobachten. Ich habe zum Beispiel als Kind gelernt, Klavier zu spielen. Obwohl ich mich keinesfalls als Virtuose am Klavier bezeichnet hätte, beherrschte ich die Grundlagen des Klavierspielens und konnte einige Stücke auswendig und fehlerfrei spielen. Nach ein paar Jahren gab ich das Klavierspielen jedoch auf und heute kann ich mich an keines der Stücke erinnern, die ich damals spielen konnte. Ich habe die Fähigkeit schlicht und einfach verloren, weil ich sie über einen langen Zeitraum nicht genutzt habe.

Als Babys besitzen wir eine Vielzahl an Neuronen, die wir im Erwachsenenalter nicht mehr haben. Wenn wir nicht aktiv gefordert und gefördert werden, diese Hirnareale zu nutzen, sterben die betroffenen Nervenzellen ab und wir verlieren die mit ihnen assoziierten Fähigkeiten.

Eine ganz besondere Art von Neuronen sind die Spiegelneuronen. Sie spielen eine große Rolle in der Entwicklung von Empathie. Mithilfe dieser Nervenzellen können wir Handlungen und Gefühle nachahmen und nachempfinden. Denken Sie zum Beispiel an einen lustigen Film oder ein lustiges Video. Bestimmt mussten Sie schon einmal laut loslachen, während Sie diesen Film sahen. Durch unsere Spiegelneuronen fühlen wir die gleichen Emotionen, wie die Schauspieler, die wir auf der Leinwand beobachten. Wir ahmen also die Gefühle anderer Menschen nach.

Eine weitere wichtige Struktur in unserem Gehirn zur Erkennung von Emotionen ist die Amygdala, auf Deutsch: der Mandelkern. Er ist Teil unseres limbischen Systems, welches für die Verarbeitung von Gefühlen zuständig ist. Das limbische System besteht aus vielen Strukturen. Störungen dieses Systems können zu schwerwiegenden Erkrankungen wie der bipolaren Störung, der Schizophrenie oder Alzheimer führen.

Die Amygdala spielt eine besondere Rolle im Erkennen von potenziell bedrohlichen Situationen. Mithilfe dieser Struktur bewerten wir die Situation und leiten die richtigen Schritte ein. Stellen Sie sich vor, Sie sehen einen Bären. Instinktiv werden Sie sich fürchten und entweder fliehen, in Schockstarre verfallen oder versuchen gegen den Bären zu kämpfen. Dieser Mechanismus wird auch aus Fight, Flight, Freeze Mechanismus bezeichnet und von der Amygdala initiiert. Er ist eine ganz automatische Antwort, auf die Furcht, die Sie beim Anblick des Bären empfinden. Nun stellen Sie sich vor, der Bär begegnet Ihnen nicht in freier Wildbahn, sondern befindet sich hinter einem festen Gitter in einem Zoo. In dieser Situation werden Sie sich wahrscheinlich nicht fürchten, es sei denn, Sie leiden unter einer Bärenphobie. Die Situation wird von Ihrer Amygdala als nicht bedrohlich eingeschätzt, da der Bär Sie durch die Gitterstäbe nicht erreichen kann. Durch diese Bewertung unserer Umwelt können wir potenziellen Gefahren entkommen, in dem wir Situationen richtig einschätzen. Wir betrachten den gesamten Kontext und unser Körper führt automatisch Reaktionen auf die Reize aus, die wir wahrnehmen.

Wir reagieren auf eine Bedrohung oft mit Erstarren. Dazu möchte ich Ihnen gerne ein Beispiel aus meiner Jugend erzählen. Ich kann mich noch ganz genau an einen Abend erinnern, an dem ich vor Schreck in eine Art Schockstarre verfiel. Ein Mädchen aus der Nachbarschaft und ich hatten, wie wir das so oft im Sommer taten, ein Zelt in unserem Garten aufgebaut und wollten in diesem Zelt übernachten. Wir verbrachten den Nachmittag damit, das Zelt aufzubauen und mit den nötigen Dingen auszustatten. Jede von uns brachte Decken, Kissen und Spiele mit, die uns die Zeit im Zelt angenehmer machen sollten. Es war schon relativ dunkel als ich die letzten Decken und Spiele in das Zelt bringen wollte. Ich ging gerade in Richtung Garten als ich jemanden an unserem Zelt stehen sah. Er ging langsam in die Knie und war gerade dabei, den Reißverschluss des Zeltes zu öffnen. In meinen Kopf fing ich laut an zu schreien, doch in dieser Schrecksekunde verstummte ich und verfiel in eine Schockstarre. Alles, was ich in der Hand hielt, fiel hinunter auf den Boden. Ich konnte mich keinen Millimeter bewegen. Durch das Herunterfallen der Gegenstände bemerkte auch der ungebetene Gast meine Anwesenheit und verschwand durch die Hecke.

Durch diese unbewusste Reaktion des Erstarrens konnte ich mir Zeit verschaffen, um zu überlegen, was meine nächsten Schritte sein sollten.

Das Wissen darüber, wie unser Körper ganz automatisch auf Reize reagiert, kann uns dabei helfen, die Reaktionen anderer Menschen richtig einzuschätzen. Wenn wir sehen, wie jemand aus seinem Büro auf den Gang geht und plötzlich innehält und wieder umdreht, beobachten wir eine typische Reaktion von jemandem, der entweder etwas vergessen hat und umdreht, um es aus dem Büro zu holen. Oder von jemandem, der gerade etwas gesehen hat, was ihn erschreckt hat und er dreht um, weil er der vermeintlichen Bedrohung entkommen möchte. Die Person hat gerade einen typischen Schockmoment erlebt und verfiel für eine Sekunde in eine Starre, um über ihre nächsten Schritte nachdenken zu können. Je nachdem, was uns der Kontext über den Rest der Situation sagt, können wir beurteilen, ob die Person etwas vergessen hat oder sich bedroht fühlt.

Es gibt allerdings noch eine Gehirnstruktur, die für unsere Empathiefähigkeit wichtig ist. Die Inselrinde. Sie liegt sehr versteckt in unserem Gehirn und ist eng verknüpft mit dem limbischen System. Wenn Sie also einen Film sehen, in dem sich jemand ekelt oder sich eine Verletzung zuzieht, ist genau dieses Areal dafür verantwortlich, dass Sie diese Gefühle nachempfinden können.

Aber auch positive Emotionen werden von der Inselrinde aufgeschnappt und mitgefühlt.

Nicht nur die Inselrinde spielt in unserer Gefühlswelt eine Rolle, das Hormon Oxytocin, auch als Kuschelhormon oder Liebeshormon bekannt, ist ebenfalls dafür verantwortlich, dass wir uns anderen verbunden fühlen. Es wird in großen Mengen von der Hirnanhangdrüse bei der Geburt und beim Stillen ausgeschüttet und sorgt dafür, dass sich eine Mutter fürsorglich um ihren Nachwuchs kümmert. Durch dieses Hormon werden auch noch viele weitere physiologische Reaktionen ausgelöst, wie zum Beispiel die Wehen. Es ist für unser Bindungs-, Paar- und Sexualverhalten zuständig.

Unserer Fähigkeit Empathie zu empfinden, liegt also ein weitreichendes System zugrunde, welches aus unterschiedlichen Strukturen, Hormonen und Gehirnarealen besteht. Fehler in einem oder mehreren Bereichen dieses System können daher schwerwiegende Folgen für unser Sozialverhalten haben. Menschen, die unter einer antisozialen Persönlichkeitsstörung, wie beispielsweise der Psychopathie leiden, weisen verringerte Verbindungen der Amygdala zum präfrontalen Kortex auf. Der präfrontale Kortex ist für das Schuldempfinden und ebenfalls für Empathie zuständig. Die Amygdala, wie vorhin schon erwähnt, für Furcht, Angst und das Erkennen bedrohlicher Situationen. Menschen, die an so einer Störung leiden, verspüren also weniger Angst, können sich schlechter in andere Menschen hineinfühlen und haben außerdem ein verringertes Schuldgefühl. Sie können Emotionen richtig deuten und einschätzen, aber ihnen fehlt die grundlegende Fähigkeit, sie nachzuempfinden.

Viele Menschen mit antisozialer Persönlichkeitsstörung neigen obendrein dazu, ihr Gegenüber zu manipulieren. Dieses Werkzeug der menschlichen Kommunikation wird von ihnen dafür eingesetzt, das Vertrauen anderer Menschen zu gewinnen. Mit Charme schaffen sie es, ihre Mitmenschen von sich zu überzeugen und auf ihre Seite zu ziehen. Diese psychologische Manipulation begegnet uns aber auch in vielen Alltagssituationen. Lassen Sie uns also das Phänomen der Manipulation genauer betrachten.

Was ist Manipulation?

Ein besonderer Bestandteil der Kommunikation ist die Manipulation. Laut Joseph Kirschner gibt es keine Kommunikation ohne Manipulation. Das ist für uns fast unvorstellbar, da Manipulation eine sehr negative Konnotation hat und wir durch Hollywood Filme oft mit manipulierenden Psychopathen und Serienmördern konfrontiert werden. Doch nicht jede Art der Manipulation ist negativ. Ich würde sogar behaupten, dass Sie selbst oft Menschen manipulieren, indem Sie versuchen, Gespräche in eine bestimmte Richtung zu lenken, von der Sie sich einen Vorteil erhoffen. Stellen Sie sich vor, Sie gehen in eine Bäckerei. Je nachdem, in welche Richtung Sie das Gespräch gerne lenken möchten, werden Sie den Verkäufer oder die Verkäuferin anders ansprechen. Sagen Sie zum Beispiel: „Guten Tag, ich brauche einen Laib Brot", sind Sie eventuell nicht so sehr am zwischenmenschlichen Austausch mit dieser Person interessiert. Der Mitarbeiter oder die Mitarbeiterin der Bäckerei wird das wahrscheinlich richtig deuten und sie nicht mit Small Talk belästigen, während sie Ihnen das Brot einpackt. Sie haben daher das Gespräch in die von Ihnen gewollte Richtung gelenkt. Sie könnten aber auch sagen: „Guten Tag! Es riecht wunderbar nach frischem Brot hier. Haben Sie vielleicht noch einen Laib frisch gebackenes Bauernbrot?". Sie schmücken Ihre einfache Bitte aus und symbolisieren so, dass Sie offen für einen sozialen Austausch sind.

Aber was bedeutet Manipulation eigentlich? Der negativ behaftete Begriff Manipulation bedeutet eigentlich etwas selbst zu tun, es nicht dem Zufall zu überlassen. Laut Paul Watzlawick, über dessen Theorien wir in diesem Buch später noch ausführlicher sprechen werden, kann man nicht „nicht manipulieren" genauso wie man nicht „nicht kommunizieren" kann. Hinter jedem Gespräch steckt eine Botschaft oder ein Appell an das Gegenüber. Wir wollen etwas erreichen mit den Worten, die wir anderen sagen. Diese Ziele können sehr unterschiedlich sein und sind in den meisten Fällen harmlos. Menschen wollen ihre Gefühle zum Ausdruck bringen oder anderen Pläne mitteilen. Oft sind es aber auch die ungesagten Worte, das, was zwischen den Zeilen steht, was andere zu einer Handlung zwingt. In der Politik und der Werbung wird Manipulation häufig eingesetzt, um Menschen zu einer Handlung zu überreden. Politiker möchten uns davon überzeugen, dass sie die richtige Person sind, um unsere Interessen zu vertreten. Firmen setzten auf Manipulationstechniken, damit wir ihr Produkt kaufen. Jedoch ist manipuliert zu werden kein angenehmes Gefühl. Vor allem, wenn man sich der Manipulation nicht bewusst ist. Wenn durch manipulative Worte versucht wird, den anderen von einem Vorhaben zu überzeugen, welches für ihn negative Konsequenzen haben kann, so sprengt dies den Rahmen unserer sozialen Richtlinien. Dieses amoralische Verhalten ist es, was die meisten Menschen unter Manipulation verstehen.

Es gibt also verschiedene Arten der Manipulation. Sehen wir uns diese anhand eines Beispiels genauer an:

Martina möchte gerne auf die Party eines Freundes gehen, doch ihr Mann Tom möchte lieber zum Grillfest einer seiner Freunde. Tom könnte folgende Strategien anwenden, um Martina davon zu überzeugen, mit ihm auf das Grillfest zu gehen:

- ❒ Er könnte die Vorteile der Grillfeier übertrieben hervorheben und die Nachteile herunterspielen. Er könnte ihr zum Beispiel sagen, dass der Ort der Grillfeier viel näher an ihrem zu Hause liegt und sie so leichter nach Hause kommen würden.
- ❒ Tom könnte Martina Schuldgefühle einreden. Er könnte zum Beispiel hervorheben, dass die Grillfeier schon viel länger geplant war und sie schon vor Ewigkeiten zugesagt hatten. Jetzt abzusagen, würde unhöflich erscheinen.
- ❒ Er könnte hervorheben, dass der Besuch der Party ihres Freundes sie vor ihrem restlichen Freundeskreis lächerlich machen würde.

- ❒ Er könnte etwas sagen, wodurch sie sich schlecht fühlt und an sich selbst zweifelt. Dann kann er den gemeinsamen Besuch der Grillfeier als die Wahl hervorheben, die ihr helfen wird, sich wieder besser zu fühlen.
- ❒ Er könnte ihr einen kleinen Gefallen tun, bevor er sie bittet, sie zu begleiten. Dadurch fühlt sie sich vielleicht gezwungen, ihm auch einen Gefallen zu tun. (Wird in der Sozialpsychologie auch als Fuß-in-der-Tür Technik bezeichnet.)
- ❒ Er könnte sie dazu bringen, an ihrer eigenen Entscheidungsfähigkeit zu zweifeln, sodass sie auf seine Entscheidungsfähigkeit angewiesen ist.
- ❒ Tom könnte ihr auch zu verstehen geben, dass er beleidigt und generell unangenehm werden würde, wenn sie auf die Party gehen würde, anstatt ihn zu begleiten.

Sie sehen also, Manipulation kann viele Formen annehmen und manche davon sind verwerflicher als andere. In vielen Berufen ist jemanden zu manipulieren eine wichtige Taktik, um an Informationen kommen. Polizisten verwenden zum Beispiel während Verhören unterschiedliche Techniken, die den Beschuldigten dazu bringen sollen zu gestehen. Sie isolieren verdächtige Personen, lösen Stress aus und heben die Vorteile eins Geständnisses hervor. Der Verhörraum ist eine Form der Isolation. Oft werden Verdächtige eine Zeit im Verhörzimmer allein gelassen. So werden Sie isoliert und fühlen sich einsam und unwohl. Dieser hervorgerufene psychologische Stress kann jemanden, der schuldig ist, dazu bringen, seine Taten zu gestehen, um der Situation zu entkommen.

Als Nächstes können Polizisten den vermeintlichen Täter mit den Fakten konfrontieren. Dadurch werden bei der Person Gefühle von Hilflosigkeit ausgelöst. Sie weiß, dass lügen keinen Sinn mehr hat und ein Geständnis vermutlich die bessere Wahl wäre. Die Fakten, die der Polizist vorlegt, können dabei aber auch komplett fabriziert sein.

Da die Taktiken, die die Polizei anwendet, dazu führen, Kriminelle zu überführen, sind sie auch nicht unmoralisch. Der Zweck heiligt bekanntlich die Mittel.

Subtilere Arten von Manipulation begegnen uns auch in der Werbung, in der Partnerschaft und im Beruf. Personen, die sehr manipulativ sind, gehören oft einer Gruppe von Persönlichkeitstypen an, die man die dunkle Triade nennt.

Die dunkle Triade

Differenzialpsychologen sprechen oft von verschiedenen Persönlichkeitstypen. Personen, die zu Manipulation neigen, gehören dabei häufig einem Konzept von Persönlichkeitsmerkmalen an, das sich die dunkle Triade nennt. Dazu gehören nicht-klinisch relevante Ausprägungen von Narzissmus, Machiavellismus und Psychopathie. Mittlerweile spricht man auch noch von einer vierten Eigenschaft, dem Sadismus. Diese Verhaltensmuster können alle gemeinsam bei einer Person auftreten oder nur einzeln. Sehen wir uns genauer an, was diese Persönlichkeitseigenschaften bedeuten.

- **Narzissmus**

Heutzutage ist die Diagnose von Narzissmus schon fast zur Volkswissenschaft geworden. Ich höre häufig von Freunden und Bekannten, dass ihr Partner oder Vorgesetzter ein Narzisst sein muss, wenn er sich fragwürdig verhält. Auch großes Selbstbewusstsein wird oft fälschlicherweise als Narzissmus missverstanden. Einige Psychologen sind sogar der Meinung, dass jede Person narzisstische Persönlichkeitsanteile hat, welche mal mehr und mal weniger stark ausgeprägt sein können. Wie beim Autismus gibt es auch beim Narzissmus ein Spektrum.

„Echte" Narzissten haben allerdings häufig ein sehr geringes Selbstbewusstsein. Sie bewundern eher ein falsches Bild von sich selbst, dem sie nicht entsprechen. Um dieses Bild aufrechtzuerhalten, tun sie alles, was notwendig ist und suchen sich gezielt Menschen, die sie zu diesem Zwecke benutzen können.

Ich rate sehr davon ab, Menschen zu diagnostizieren, wenn man nicht über die notwendige Ausbildung und Expertise dafür verfügt. Anstatt jemandem vorzuwerfen, er sein ein Narzisst, sprechen Sie lieber direkt die Verhaltensweise an, die Sie an ihm stört.

■ Machiavellismus

Beim Machiavellismus geht es hauptsächlich um Macht. Beziehungen zu anderen Menschen sind Personen mit dieser Persönlichkeitsausprägung gleichgültig. Sie wollen Großes erreichen, versuchen mit allen Mitteln an die Macht zu kommen und diese zu halten. Seine Ursprünge hat diese Eigenschaft bei Niccolò Machiavelli, einem italienischen Schriftsteller aus dem 16. Jahrhundert.

In einer Studie von Effler aus dem Jahre 1983 fand man heraus, dass Studenten, mit hoher Ausprägung an Machiavellismus, materielle und gesellschaftlich hoch angesehene Dinge mehr schätzen als soziale Beziehungen zu Freunden und Studienkollegen. Sie sahen sich auch eher in Berufen, in denen sie viel Geld verdienen konnten und weniger in solchen, die dem Allgemeinwohl dienen.

■ Psychopathie

Weiter oben haben wir schon einmal über Personen gesprochen, die eine psychopathische Persönlichkeitsausprägung besitzen. Da ihre Amygdala, das Zentrum für Angst in unserem Gehirn, weniger Aktivität aufweist als bei anderen Menschen, haben diese Personen keinen Sinn für Konsequenzen, was sie unberechenbar machen kann. Sie sind außerdem egoistisch und impulsiv. Ihr oberflächlicher Charme macht sie anderen Menschen zugänglich, weswegen sie häufig gut sozial vernetzt sind. Personen in Führungspositionen weisen oft psychopathische Tendenzen auf. Sie können hier ihr autoritäres Verhalten ausleben. Nicht alle Psychopathen neigen also zu Gewalttaten, ein Großteil kommt gut in der Gesellschaft zurecht. Vielleicht kennen Sie ja die Geschichte des Neuropsychologen James Fallon, der durch seine Arbeit herausgefunden hat, dass er selbst die Gehirnstrukturen eines Psychopathen aufweist. Nachdem er seinen Freunden und seiner Familie von seiner Entdeckung erzählt hat, war er sehr verwundert darüber, wie wenig sie diese Information erstaunte. Sie erzähltem ihm viele Beispiele, in denen er sich egoistisch verhalten hatte und andere sogar in Gefahr gebracht hatte, ohne es selbst zu merken. Sie sehen also, Psychopathen gibt es in allen Formen und Farben.

■ Sadismus

Als Sadisten bezeichnet man Menschen, die Spaß daran haben, anderen Leid zuzufügen. Sadismus wird dabei oft durch sexuelle Handlungen ausgelebt. Wissenschaftler vermuten, dass Personen, die in ihrer Kindheit häufig sadistischen Handlungen ausgesetzt waren, dieses Verhalten lernen und später selbst Freude an den Schmerzen anderer haben. Wenn jemand Spaß daran hat sich selbst Schmerzen zuzufügen, bezeichnet man das übrigens als Masochismus.

Zum Schluss möchte ich Ihnen noch eine kleine Bemerkung mit auf den Weg geben, damit Sie dieses Kapitel nicht falsch verstehen. Dies soll nämlich keinesfalls eine Anleitung zur Manipulation sein, sondern eher eine Erklärung der verzerrten Grenzen zwischen Kommunikation und Manipulation. Man sollte also die Manipulation nicht als Instrument des Bösen sehen. Es geht eher darum zu verstehen, dass Manipulation in Gesprächen unabdingbar ist.

Manipulationstechniken

Wir sind im vorigen Unterkapitel schon ein bisschen auf die verschiedenen Anwendungen von Manipulation eingegangen. Es gibt natürlich eine Vielzahl an Manipulationstechniken, die nicht nur von Psychopathen angewandt wird, sondern auch von Marketingexperten, Wirtschaftspsychologen und klinischen Psychologen. Sie haben alle zum Ziel, Veränderungen im Denken der Menschen herbeizuführen. Ob Sie nun möchten, dass Ihr Gesprächspartner Ihr Produkt kauft oder ein positiveres Selbstbild bekommt, ist nebensächlich. Die grundsätzliche Technik ist dieselbe. Daher auch mein Gebot, sich immer im Vorhinein zu überlegen, ob eine manipulative Vorgehensweise angebracht ist oder eher unethischen Zwecken dient. Täuschung ist in der Ethik immer nur dann angebracht, wenn das Ziel ohne diese Täuschung nicht erreicht werden kann und wenn die Person nach der Täuschung aufgeklärt wird. Sie experimentieren hier nicht an einem leblosen Objekt, sondern haben einen Menschen vor sich und Ihre Handlungen können langwierige und schwerwiegende Folgen für diese Person haben. Behalten Sie das immer im Hinterkopf und handeln Sie nur nach bestem Wissen und Gewissen.

Manipulation von Informationen

Mithilfe von Informationen kann man die Meinung und das Denken anderer Menschen massiv beeinflussen. Das passiert beinahe täglich, mit Statistiken und Zahlen in der Zeitung oder auch in den Nachrichten in Fernsehen und Radio. Als Beispiel ziehe ich eine aktuelle Thematik heran, die den Anstieg der Kriminalitätsrate aufgrund von Menschen mit Migrationshintergrund beschreibt. Die Schlagzeilen der Zeitungen schrieben, dass aufgrund der Vielzahl an Menschen, die in unser Land kommen, die Kriminalität massiv angestiegen ist. Sie werfen mit Zahlen und Statistiken um sich, die eindeutig beweisen, dass Menschen, die in westlichere Breitengrade geflüchtet sind, nur Unheil bringen. Das schürt Angst in der Bevölkerung und feindseliges Verhalten, gegenüber dieser Personengruppe ist vorprogrammiert. Der differenzierte Blick auf die Statistik zeigt allerdings ein komplett anderes Bild.

Zuallererst finde ich es wichtig, die situativen Umstände dieser Personen zu betrachten. Sie befinden sich in einem Ausnahmezustand und kommen häufig aus einer Welt, die wir uns nicht einmal mehr vorstellen können. In ihrem zu Hause herrschen Chaos und Krieg, Lebensmittelknappheit oder schlechte wirtschaftliche Bedingungen. In manchen Ländern liegt die Arbeitslosigkeit bei über 40 %. Es ist also verständlich, dass Sie sich in einer psychischen Lage befinden, in der sie schneller gereizt reagieren oder mal über die Stränge schlagen. Damit möchte ich kriminelles Benehmen keinesfalls rechtfertigen. Regeln gelten für alle, auch diejenigen, die sich in einer komplizierten Situation befinden und niemand wird vom Gesetz ausgenommen. Es erklärt jedoch, warum Menschen mit psychischen Problemen oder aus Ländern mit anderen Bedingungen öfter gegen das Gesetz verstoßen.

Jetzt kommen wir zur Interpretation der Statistik. Wenn wir genau hinsehen, sehen wir, dass die Personen, die in die Statistiken miteinbezogen werden, nicht nur in unser Land kommen, um dort zu leben, sondern auch aus touristischen Gründen kommen oder mit kriminellen Organisationen einreisen. Man kann also nicht einfach sagen, dass jede ausländische Person, die in unserem Land eine Straftat begeht, ein Migrant ist.

Mithilfe von Diagrammen kann man Sachverhalte auch um einiges dramatischer darstellen, als sie in Wahrheit sind. Mit einem Balkendiagramm sehen zwei Prozentpunkte aus, wie ein ganzer Balken, wenn man ihn richtig vergrößert. Durchschnittlich beträgt der Ausländeranteil an Strafdelikten nämlich um die 30 %. Das bedeutet also, dass von 100 % aller Straftaten 30 - 40 % von Ausländern begangen werden.

Sie sehen an diesem Beispiel, dass es verschiedenen Möglichkeiten gibt Zahlen und Statistiken auszulegen. Sehen Sie also immer genau hin, wenn Ihnen jemand diese vermeintlichen Fakten präsentiert und hinterfragen Sie Schlagzeilen in der Zeitung kritisch.

Manipulation durch Wiederholung

Je öfter man etwas hört, desto leichter merkt man es sich. Dieses psychologische Grundprinzip des Lernens macht sich die Manipulation durch Wiederholung zunutze. Im Fernsehen gibt es zum Beispiel das Phänomen der Dauerwerbesendungen. Hier werden gleich ein paar Tricks vereint. Oft werben die Firmen mit Knappheit und Zeitdruck. „Greifen Sie jetzt zu! Nur mehr 20 Stück verfügbar.", "Dieses Angebot gilt nur für kurze Zeit." Diese Sätze wirken bei den meisten von uns. Wir hören auf nachzudenken und wenn wir das Produkt wirklich wollen, werden wir es sofort kaufen, um zu verhindern, dass es dann ausverkauft ist. Auch werden die einzelnen Sequenzen dieser Werbungen immer wieder gezeigt, um das Produkt, den Preis und die tollen Features ins Gehirn der Zuschauer sprichwörtlich einzubrennen.

Im Radio zahlen Firmen viel Geld dafür, Ihren Spot in der Hauptzeit immer und immer wieder abspielen zu dürfen. Das, was Sie als Zuhörer so unsäglich nervt, ist für die Produkthersteller pures Gold.

Dieses Prinzip funktioniert wie eine Gehirnwäsche. Die Aussage wirkt durch das ständige Wiederholen glaubwürdiger. In der Sozial- und Kognitionspsychologie spricht man auch vom Mere-Exposure Effekt. Durch die wiederholter Darbietung wird das Gesagte oder gezeigte familiär und vertraut. Die Verarbeitung in unserem Gehirn funktioniert schneller und einfacher, was zu einem positiven Gefühl führt. Es sind hier also viele verschiedene Wirkungsfaktoren am Werk, die nicht nur in der Werbung funktionieren, sondern auch im persönlichen Leben Einfluss auf Ihre Beziehungen und Kontakte haben kann. In wissenschaftlichen Untersuchungen wurde nämlich festgestellt, dass Personen, die sich häufig sehen, mit großer Wahrscheinlichkeit Freunde werden. Denken Sie zurück an Ihre Schulzeit. Mit den Menschen in Ihrer Schulklasse haben Sie enorm viel Zeit verbracht und höchstwahrscheinlich haben sich aus diesem intensiven Kontakt langjährige Freundschaften entwickelt. Auch mit Arbeitskollegen funktioniert das Prinzip. Wenn Sie also auf der Suche nach neuen Freunden sind, verbringen Sie viel Zeit mit Ihnen und nutzen Sie die Strategien der Psychologie, um Ihren Freundeskreis nachhaltig zu erweitern.

Manipulation durch Angst

Wir haben jetzt einige harmlosere Techniken der Manipulation betrachtet. Der nächste Punkt beschäftigt sich allerdings mit einer sehr umstrittenen Strategie, der Manipulation durch Angsterzeugung. Vor allem bei Frauen wirkt Angst stark und wenn die potenzielle Gefahr in allen Details genau beschrieben wird. Fällt Ihnen ein Bereich ein, der diese Technik besonders stark nutzt?

In der Politik wird Angsterzeugung immer wieder genutzt. Es ist auch ein sehr erfolgreiches Mittel, um große Massen zu erreichen und bei den Menschen eine Veränderung zu bewirken. Denken Sie an die Pandemie. Hier wurde Angst gezielt eingesetzt, um die Bereitschaft der Menschen für Impfungen und Masken zu erhöhen. Hier wurden sogar mehrere verschiedene Taktiken zusammengeworfen. Experten wurden zurate gezogen und auch ein Phänomen, das als Slippery Slope, oder Rutschbahntaktik bekannt ist, schürt Angst und möchte Menschen zu einem bestimmten Verhalten hinlenken. Bei dieser Taktik wird ein Ereignis und dessen Folgen beschrieben. Die Folgen sind jedoch oft an den Haaren herbeigezogen und ihr Eintritt ist unwahrscheinlich. Als Beispiel stellen Sie sich folgendes Gespräch zwischen einer Mutter und ihrer 14-jährigen Tochter vor. Die Tochter hat eine schlechte Note auf einen Test geschrieben und jetzt droht ihr die Gefahr, die Klasse wiederholen zu müssen. Die Mutter schlussfolgert ihrer Tochter den katastrophalen Ausgang dieser Situation, sollte die Tochter nicht umgehend lernen und sich die Note ausbessern. Laut der Mutter, die ihren Ratschlag eigentlich nur gut meint, würde ein Sitzenbleiben dazu führen, dass die Tochter die Schule vorzeitig abbrechen wird. Daraufhin wird sie keine Arbeit finden und auch zu Hause, wird sie nach einiger Zeit nicht mehr wohnen können. Ein Leben auf der Straße ist somit vorprogrammiert! Realistisch ist dieser Ausgang jedenfalls nicht. Selbst wenn sie die Klasse wiederholen sollte, würde das nicht zwangsläufig bedeuten, dass sie auf der Straße sitzt. Angst bekommt die Tochter aber natürlich trotzdem und sie wird alles daran setzen, dass dieses Ereignis nicht eintritt. Es gibt viele Wege, wie man bei Menschen Angst induzieren kann. Und bei jeder Person wird diese Angst individuell sein. Manche Person fürchtet sich vor Spinnen. Ihm zu sagen, dass sich im Keller ein Spinnennetz befindet wird ihn sicher davon abhalten dorthin zu gehen. Manipulatoren müssen also nicht einmal aggressiv oder bedrohlich wirken, um Angst auszulösen. Es reicht, geschickt mit Worten umgehen zu können.

Manipulation durch Sprache

Mit sprachlichen Äußerungen kann man viel bei seinem Gegenüber bewirken. Es muss nicht immer die Faust sein, auch die Zunge kann ganz schön zuschlagen. Zu den sprachlichen Methoden gehören zum Beispiel, das sich dumm stellen, keine Antwort geben und etwas absichtlich missverstehen. Außerdem weichen manipulative Personen in Gesprächen gerne aus, um so eine unangenehme Frage nicht beantworten zu müssen. Diese Taktiken können Sie wiedermal bei Politikern sehr gut beobachten, die während Interviews unangenehme Fragen einfach überhören und somit nicht beantworten. Wenn Reporter dann nicht nachhaken, wird zum nächsten Thema übergegangen und das Ziel des Manipulateurs ist erreicht.

Mit solchen versteckten Manövern kann man ziemlich einflussreich auf andere Menschen einwirken. Es gibt jedoch auch offensichtliche Vorgänge. Mit Drohungen, Lügen und persönlichen Angriffen wird ganz klar mit der Angst und dem Unbehagen eines Menschen gespielt. Dadurch schaukeln sich die Emotionen natürlich richtig hoch und es kann leicht zu einer Auseinandersetzung kommen. Vermeiden Sie in diesen Situationen auf jeden Fall, auf das Gesagte einzugehen. Bleiben Sie sachlich und nenne Sie die Taktik beim Namen! Somit gewinnen Sie die Überhand und der Manipulator hat sein Ziel verfehlt.

Natürlich kann diese persönliche Beleidigung auch indirekt erfolgen. Versuchen Sie hier Missverständnisse zu vermeiden. Ich habe beispielsweise mal von einem Klienten gesagt bekommen, dass er noch nie jemanden gesehen hat, der 20 ist (ich war damals Ende 20) und aussieht wie 40. Ich hätte das natürlich als Kränkung empfinden können. Da ich den Klienten aber bereits gut kannte, ließ ich mich nicht auf seine Schikanen ein und tat seinen Kommentar mit einem Witz von meiner Seite ab.

Mit Sprache kann man auch ein schlechtes Gewissen beim anderen erzeugen. Das kann auf viele verschiedene Arten passieren. Man kann einen Gefühlsausbruch inszenieren. Wenn der Gesprächspartner glaubt, dass dieser durch seine Aktionen oder Worte hervorgerufen wird, hat die Taktik gefruchtet.

Weiters gibt es die Möglichkeit vehement auf dem eigenen Standpunkt zu verharren und keine Erklärungen zu geben. Das funktioniert zum Beispiel, in dem man Nachfragen nicht beantwortet und nur die eigene Meinung in anderen Worte immer und immer wiederholt. Beispielsweise bei folgendem Gespräch: "Die Jugendlichen heutzutage werden immer unerträglicher!", die Antwort des gegenüber lautet: "Wie meinst du das denn? Was genau erträgst du denn nicht?

Daraufhin antwortet der Manipulateur: "Na, dass die Kinder sich schlecht benehmen."

Man dreht sich also während des Gesprächs im Kreis und ist nachher frustrierter als vorher und obendrein ohne konkrete Lösung.

Da ich Ihnen hier einige der beliebtesten sprachlichen Manipulationen aufzähle, möchte ich die Alternativlosigkeit nicht auslassen. Hierbei gibt die Person ein oder zwei Alternativen vor, die aber in Wahrheit keine sind. Zum Beispiel: "Heute können wir ins Kino oder spazieren gehen, da es aber regnet, bleibt uns eigentlich nur mehr das Kino übrig." Andere Alternativen werden gar nicht berücksichtigt und der Manipulateur bekommt seinen Willen, denn es gibt ja ansonsten keine andere Wahlmöglichkeiten. Was Sie hier tun können, ist immer über den Tellerrand hinauszublicken und sich selbst andere Möglichkeiten einfallen zu lassen.

Manchmal kommt man mit sprachlichen Mitteln sehr weit, bevor das Gespräch überhaupt begonnen hat. Nehmen wir an, der Chef einer Firma sagt seinen Mitarbeitern Folgendes: "Es hat sicher niemand etwas dagegen, wenn wir alle heute Überstunden machen." Kaum einer traut sich dann, einen Einwand einzubringen. Versuchen Sie in solch einer Situation sachlich und unaufgeregt Ihre Sichtweise anzubringen. Oft kontern Manipulateure dann mit der Allgemeinheit. „Für alle anderen ist es in Ordnung, nur für Sie nicht?" Dadurch wird nochmal ein schlechtes Gewissen induziert und da wir Menschen grundsätzlich das Bedürfnis haben uns anzupassen, zumindest die meisten von uns, funktioniert diese Taktik auf Evolutionsbasis. Sie geht auf tief verwurzelte Verhaltensweisen ein, die man nicht leicht ausblenden kann.

Kennen Sie die Killerphrasen? Ich bin mir ziemlich sicher, dass Sie einen Satz, wie den folgenden schon einmal gehört haben: "Das haben wir schon immer so gemacht, wieso sollten wir jetzt alles ändern?" Diese Aussage lässt nicht viel Spielraum zu, je nach Situation könne Sie aber mit: "Nur weil es schon immer so gemacht wurde, heißt das nicht, dass wir nicht mal was Neues ausprobieren können.", antworten. Nur weil ein Vorschlag nicht perfekt ist, muss er nicht von vornherein abgelehnt werden. Wir streben nicht nach Perfektion, sondern nach einer Lösung, und auch wenn diese nicht komplett perfekt ist, kann sie funktionieren.

Kennen Sie das Spiel "Stille Post", bei dem mehrere Personen in einem Kreis sitzen und einer ein Wort in das Ohr seines Nachbarn flüstert, der dieses dann weiter sagt und wieder weiter sagt bis der letzte es laut ausspricht? Meistens kommt dann am Ende ein völlig anderes Wort heraus als ursprünglich. Auch bei Wiederholungen von Aussagen kommt es häufig zu diesem Missverständnis. Manipulative Personen wenden diese Taktik jedoch bewusst an, um jemandem das Wort im Mund zu verdrehen. Man dichtet also etwas in eine Aussage hinein, was so vorher gar nicht gesagt wurde. Stellen Sie sich folgendes Beispiel vor. Sie sagen einem Bekannten, dass Sie sich oft verspäten. Daraufhin kommt der Bekannte beim nächsten Treffen 30 Minuten zu spät, mit der Argumentation, Sie hätten gesagt, Sie würden sich immer verspäten, weswegen er später weggegangen ist. Die kleine Abwandlung des Wortes oft fällt den wenigsten von uns auf. Sie dreht aber die Aussage in eine andere Richtung.

Auch kann man sich einen Sachverhalt herauspicken, der mit der eigentlichen Sache nichts zu tun hat und mit diesem das Gespräch abwenden. Wenn Sie zum Beispiel nicht auf Geschäftsreise fahren möchten und ihr Chef sie aber gerne dorthin schicken würde, dann könnten Sie diese Unannehmlichkeit umgehen, indem Sie sich eigentlich für die Situation banale Argumente einfallen lassen, wie zum Beispiel die steigende Umweltbelastung oder die Preiserhöhungen oder andere Themen, die zur Thematik passen.

Sie sehen, Worte sind ein Power-Werkzeug! Hüten Sie sich vor ihnen und setzen Sie sie gezielt ein, um Ihren Willen durchzusetzen und im Leben erfolgreicher zu sein.

Als kurzen Exkurs möchte ich Ihnen hier noch ein paar Prinzipien der Psychologie vorstellen, die gut in die Manipulation passen.

Das Prinzip der Gegenseitigkeit

Wie du mir, so ich dir. So funktioniert dieses Prinzip. Wenn Sie einem anderen Menschen einen Gefallen tun, erwarten Sie auch etwas Retour? Oder umgekehrt, wenn Ihnen jemand einen Gefallen tut, wird er auch von Ihnen erwarten, sich zu revanchieren.

So handeln viele Verkäufer, die uns mit kleinen Geschenken oder Aufmerksamkeiten, die oft gar keine sind, dazu bringen wollen uns für ihr Produkt zu entscheiden und Ihnen entgegenzukommen.

Fuß-in-der-Tür Effekt

Dieser Effekt funktioniert ähnlich, wie die Gegenseitigkeit. Wenn Sie mal den Fuß in der Türe haben, das heißt, wenn Sie jemanden dazu gebracht beispielsweise einen kleinen Betrag in Ihr Produkt zu investieren, ist es leichter auch noch mehr herauszuholen.

Stellen Sie sich einen Vertreter einer Firma vor, der zu Ihnen in die Wohnung kommt, um Sie dazu zu überreden eine Mitgliedschaft bei XY abzuschließen. Er wird zuerst fragen, ob er in die Wohnung darf. Danach ist es einfacher, Ihnen auch noch einen größeren Gefallen zu entlocken.

Ähnlich ist das Prinzip der Ablehnung. Zuallererst bitten Sie Ihr Gegenüber um eine große, übertrieben Sache. Wenn er diese dann abschlägt, fragen Sie nach dem, was Sie wirklich möchten. Dadurch hat die andere Person das Gefühl nicht mehr Nein sagen zu können, weil zweimal Ablehnung hintereinander sich nicht sehr gut anfühlt.

Ankereffekt

Beim Ankereffekt kommt eine Taktik aus der Kognitionspsychologie zum Einsatz – das Primen. Menschen werden in ihren Entscheidungen mithilfe von fiktiven Anhaltspunkten beeinflusst. Menschen wird dabei ein Stück Information vorgegeben, beispielsweise der Preis für ein Auto, den sie dann unbewusst als Anker heranziehen, um Entscheidungen zu treffen. Aus Mangel an Informationen bedient sich unser Unterbewusstsein oft solcher Heuristiken, die den Lösungsweg vereinfachen sollen und Sinn aus unserer Umwelt machen.

Auch bewusst kann man diese Anker einsetzen, um sich einen Vorteil zu verschaffen. Durchgestrichene Werte auf Preisschildern und neue, herabgesetzte Preise dienen auch der Überzeugung. Die Werbepsychologie ist wirklich mit allen Wassern gewaschen. Je höher der Anker angesetzt ist, desto mehr sind Personen bereit auszugeben. Der Unterschied ist wirklich gravierend und wurde in wissenschaftlichen Untersuchungen deutlich dargestellt.

Dissonanztheorie

Die kognitive Dissonanztheorie ist eine meiner Lieblinge, wenn es um das Erklären menschlichen Verhaltens geht. Der Mensch ist nämlich darauf ausgerichtet Spannungen zu vermeiden und Dissonanz heißt nichts anderes als Unstimmigkeit oder Spannung. Dieser unangenehme Zustand soll vermieden werden. Das Beispiel mit dem Gefallen zeigt das eindrucksstark.

Auch das Rauchen stellt eine solche Dissonanz dar. Auf der einen Seite ist jedem von uns glasklar bewusst, dass Rauchen ungesund ist und zu viel und zu lange Rauchen zu gesundheitlichen Problemen führen kann. Andererseits haben Raucher in sich das Verlangen und sagen sich, dass sie gerne rauchen. Es gibt hier unzählige Beispiele über Konsumverhalten, die sich um diese inneren Spannungen drehen.

Sie haben nun also einige Modelle und Theorien zu Manipulation kennengelernt. Anwendungsgebiete sind zahlreich und reichen von Werbepsychologie über Politik bis hin zu Kindererziehung. Im nächsten Schritt werden Sie die bekanntesten Modelle der Kommunikation kennenlernen, um Ihre Fähigkeiten in der Gesprächsführung und in interpersonellen Beziehungen zu verbessern. Diese Informationen sind ebenso wichtig, wie die der Manipulation, wenn Sie ein erfolgreicheres und selbstbestimmteres Leben mit qualitativ hochwertigen sozialen Kontakten führen wollen.

Kommunikationsmodelle

Es gibt einige Modelle, die sich als sehr brauchbar in der Kommunikation herausgestellt haben. Zu den wichtigsten Modellen zählen:

- ❒ 4 Ohren Modell
- ❒ Sender-Empfänger Modell
- ❒ Eisbergmodell
- ❒ Organon Modell
- ❒ Transaktionsanalyse
- ❒ 5 Axiome der Kommunikation

Das 4 Ohren Modell

Eines der bekanntesten ist das 4 Ohren Modell, entwickelt von Friedemann Schulz von Thun. Es wird auch als 4 Seiten Modell, Nachrichtenquadrat oder Kommunikationsquadrat bezeichnet.

Anhand von einem Beispiel möchte ich die 4 Botschaften, die laut Schulz von Thun in jeder Nachricht versteckt sind, hier erklären. Stellen wir uns vor, wir sitzen mit unserem Partner im Auto und bemerken, dass das Geschwindigkeitslimit überschritten wurde. Auf der ersten Ebene, der Sachebene, könnten wir sagen: „Du fährst 60 km/h, das sind 10 km/h zu viel." Wir kommunizieren also ganz sachlich, dass unser Partner gerade schneller fährt, als vom Gesetz erlaubt. Auf der nächsten Ebene, der selbst offenbarenden Ebene, erklären wir unserem Gegenüber, wie wir uns aufgrund seiner Handlungen fühlen: „Ich habe Angst, wenn du so schnell fährst." Wir geben also etwas von uns Preis. Wir lassen den Anderen in unsere Gefühlswelt hineinblicken. Auf der Beziehungsebene sagen wir: „Ich bin ein besserer Fahrer als du!" Wir vergleichen uns mit der anderen Person und setzen uns mit ihr in

Beziehung. Auf der Appellebene möchten wir eine Änderung im Verhalten erreichen. Wir sagen daher: „Bitte fahr langsamer!".

Im Überblick sehen die 4 Ebenen der Kommunikation also so aus:

1. Sachebene
2. Selbstkundgabe
3. Beziehungsebene
4. Appellebene

Hinter diesen Ebenen stehen wichtige Fragen der Kommunikation. In diesem Quadrat sieht man sehr übersichtlich, was der Empfänger der Nachricht aus diesem Gespräch herauslesen kann:

Worüber spricht die Person?	Was sagt die Person über sich selbst?
Wie steht die Person zu mir?	Was möchte die Person von mir?

Das oben beschriebene Beispiel könnte aber von der Person, die die Nachricht empfängt, auch komplett anders aufgefasst werden. Schlussendlich hängt es von ihr ab, wie eine Botschaft enkodiert wird. Sehen wir uns das Beispiel noch einmal anders an:

Auf der Sachebene ist die Botschaft die gleiche: „Du fährst 60 km/h, das sind 10 km/h zu viel." Auf der Ebene der Selbstkundgabe sieht sie aber schon ganz anders aus: „Ich genieße schnelle Geschwindigkeiten." Wir sehen also, dass hier das komplette Gegenteil kommuniziert wird. Auf der Beziehungsebene sagen wir:

„Du fährst besser als ich, du fährst schneller als ich." und auf der Appellebene: „Kannst du nicht noch schneller fahren?".

Welche Faktoren beeinflussen also, wie unser Gegenüber das Gesprochene aufnimmt? Hierbei ist Kontext enorm wichtig. Der Gesprächspartner baut auf sein Vorwissen über uns auf und leitet daraus die Bedeutung der Nachricht ab. Wenn die Person, mit der wir sprechen, aus einem anderen Kulturkreis stammt und eventuell sogar eine andere Muttersprache hat, kann es zu Missverständnissen kommen.

Je nachdem, welche Gewichtung unser Gegenüber den einzelnen Ebenen gibt, kann es zu Streit und Missverständnissen kommen. Wenn wir uns das Beispiel mit der Geschwindigkeitsübertretung noch einmal ansehen, wird klar, dass jemand, der der Beziehungsebene am meisten Wichtigkeit zuschreibt, eventuell beleidigt sein könnte, wenn er heraushört, dass der andere ihn für einen schlechten Fahrer hält.

Die grundlegende Fähigkeit der Empathie ist also mindestens genauso wichtig, wie die richtigen Techniken der Kommunikation zu kennen. Wir müssen in der Lage sein, uns in den anderen hineinzuversetzen, um ihn richtig verstehen zu können. Am besten haben wir auch ein Vorwissen über die Person, um ihre Botschaften entschlüsseln zu können.

Sender-Empfänger Modell

Claude E. Shannon und Warren Weaver waren eigentlich Mathematiker. Sie suchten nach einer Erklärung für die Kommunikation über das Telefon. Das Modell, welches sie Sender-Empfänger Modell nannten, konnte aber auch auf die persönliche Kommunikation angewandt werden und entwickelte sich so zu einem der wichtigsten Modelle in der Kommunikationspsychologie. Dadurch, dass die beiden Wissenschaftler Mathematiker waren, ist das Modell auch sehr pragmatisch und mathematisch gehalten. Der Sender muss seine Nachricht, die zuerst nur in seinem Kopf als Gedanke besteht, codieren, um sie an den Empfänger weiterzuleiten. Das heißt also, der Sender muss seine Gedanken in gesprochene oder geschriebene Worte umwandeln. Er wandelt seine Botschaft aber auch durch seine Körperhaltung, seine Mimik und Gestik und seine paraverbale Kommunikation um, also Artikulation, Tonfall, Stimmlage, Sprechpausen, Sprechtempo und Lautstärke.

Lassen Sie mich dieses Modell anhand eines Beispiels erklären. Stellen Sie sich vor, Sie sind in einer Bar mit ein paar Freunden und möchten an die Theke gehen, um sich ein Getränk zu bestellen. Sie sagen zu Ihren Freunden: „Ich gehe an die Theke." In diesem Fall sind Sie der Sender und Ihre Freunde sind die Empfänger. Sie haben Ihre Gedanken und Ihr Vorhaben codiert und sie an Ihre Freunde geschickt. Ihre Freunde, nehmen die Botschaft auf und dekodieren sie richtig. Vielleicht sagt einer Ihrer Freunde, dass er mitkommt, um sich ebenfalls ein Getränk zu holen. Er reagiert also auf Ihre Nachricht und sendet selbst eine Nachricht ab.

Das Sender-Empfängermodell beschränkt sich dabei nicht auf einen Kommunikationskanal. Egal, ob Sie mit jemandem telefonieren, eine SMS oder einen Brief schreiben, oder ob Sie persönlich mit dem Empfänger im gleichen Raum sind, die Dekodierung und Codierung findet immer gleich statt.

Wir können zwischen verschiedenen Arten der Kommunikation unterscheiden. Diese Arten, sehen nicht auf allen Kanälen gleich aus.

- Verbale Kommunikation:
  - gesprochene Kommunikation
  - geschriebene Kommunikation
- Nonverbale Kommunikation:
  - Mimik
  - Gestik
  - Körperhaltung
- Paraverbale Kommunikation:
  - Artikulation
  - Tonfall

- Laufstärke
- Stimmlage
- Sprechtempo
- Sprechpausen

Wir können die verbale Kommunikation auf das „Was“ der Botschaft reduzieren. Was möchte ich meinem Gegenüber mitteilen? Es ist also die sachlichste Ebene der Kommunikation.

Die nonverbale und paraverbale Kommunikation beschreibt das „Wie“ unserer Nachricht. Wie fühle ich mich, wenn ich diese Nachricht sende? Welche Emotionen sind in meiner Botschaft versteckt? Im oben beschriebenen Beispiel könnten Sie zum Beispiel einen genervten Gesichtsausdruck haben. Vielleicht gehen Sie an die Theke, weil Sie nicht einverstanden sind mit dem, was Ihre Freunde gerade gesagt haben. Vielleicht möchten Sie lieber nichts zu diesem Thema sagen.

Sie könnten aber auch euphorisch an die Theke tänzeln und dabei wild mit den Händen wackeln, weil Sie gute Laune haben und sich wohlfühlen. Mit jeder Art der Kommunikation, sowie jeder Bewegung, geben Sie etwas über sich selbst preis.

Schweigen kann dabei genauso aufschlussreich sein, wie Ihre Worte. Wie im oben beschriebenen 4 Ohren Modell geht es dabei nicht nur um Sie selbst, sondern auch um die Einstellung zu Ihrem Gesprächspartner. Sie kommunizieren immer auch auf der Beziehungsebene und können dem anderen zu verstehen geben, dass Sie ihn spannend oder langweilig finden.

Wenn wir jemandem eine Textnachricht schreiben, spielen nonverbale und paraverbale Botschaften keine so große Rolle. Durch den Einsatz von Emojis und Blockschrift kann man Gefühle ein bisschen besser zum Ausdruck bringen und deuten, aber die Kommunikation verändert sich trotzdem grundlegend und beschränkt sich auf eine kleinere Anzahl an Kommunikationskanälen. Auch während eines Telefonats kann man paraverbale und verbale Kanäle nutzen. Die nonverbale Kommunikation kann ebenfalls gedeutet werden, ein Lächeln ist zum Beispiel auch über das Telefon erkennbar, denn dadurch verändert sich die Artikulation des Sprechers.

Aber auch in diesem Modell werden Fehler in der Übertragung der Nachricht miteinbezogen. In unserem vorherigen Beispiel könnte der Lärm in der Bar zu Störungen führen. Sie haben doch bestimmt auch schon mal Probleme damit gehabt, andere zu verstehen, wenn Sie sich in einer sehr lauten Umgebung befanden. In der Bar gibt es wahrscheinlich Musik und es sind viele Menschen anwesend, die alle miteinander sprechen. Stellen Sie sich vor, Ihr Gesprächspartner spricht noch dazu eine andere Sprache als Sie. Missverständnisse sind dadurch beinahe vorprogrammiert. Weitere Gründe für Fehler in der Nachrichtenübertragung sind unterschiedliche Kulturen, Mehrdeutigkeit der Nachricht oder unzureichende Aufmerksamkeit des Empfängers.

Eisbergmodell

Das Eisbergmodell basiert auf dem Strukturmodell der Psyche von Sigmund Freud. Freud war ein österreichischer Psychoanalytiker, dessen Theorien bis heute heiß diskutiert und analysiert werden. Sein Strukturmodell, oder Drei-Instanzen-Modell, teilt die Psyche eines Menschen auf 3 verschiedene „Ichs" auf: Das erste „Ich", welches das tatsächliche Handeln eines Menschen steuert, hält die Waage zwischen den anderen zwei Instanzen, dem „Über-Ich" und dem „Es". Das „Über-Ich" fungiert als Richter und Gewissen eines Menschen und das „Es" agiert aus Bedürfnissen und Impulsen heraus. Das „Es" und das „Über-Ich" sind daher unterbewusste Instanzen und das „Ich" ist das bewusste Handeln der Person.

Laut dem Eisbergmodell kann man sich die Ebenen der Kommunikation bildlich vorstellen. Dabei befinden sich nur ca. 20 % der Kommunikation über dem Wasser, sie sind als Spitze des Eisbergs sichtbar. Dazu zählen alle bewussten, sprachlichen Ausdrücke, mit denen Sie sich mit ihren Mitmenschen verständigen. Die restlichen

80% sind unter Wasser und daher unbewusst. Wir drücken sie mithilfe der Mimik und Gestik aus. Ihre Gefühle, Motive und Werte werden dadurch vermittelt. Man kann also die menschliche Kommunikation in zwei Ebenen einteilen, eine Sachebene (Sprache, Informationen, verbale Kommunikation) und eine Beziehungsebene (Mimik, Gestik, Körperhaltung, Körpersprache, Artikulation, Tonfall).

Wie im freudschen Modell kann man die Beziehungsebene noch einmal auf zwei Instanzen aufteilen. Eine vorbewusste Ebene, sie wird von Gefühlen und der Persönlichkeit geleitet, und eine unbewusste Ebene, die von instinktivem Verhalten beeinflusst wird.

Organon Modell

Das Organon Modell wurde von Karl Bühler entwickelt und beschreibt die linguistische Kommunikation und ihre Mittel. In diesem Modell wird die Sprache als Werkzeug angesehen, welches wichtig ist, damit der Sender dem Empfänger einen Sachverhalt vermitteln kann.

Auch hier gibt es also 3 Teile, den Sender, den Empfänger und den Sachverhalt. Die sprachlichen Zeichen, die dadurch vermittelt werden, sind die Grundlage der Kommunikation. Sie können 3 Formen annehmen: eine Ausdrucksform, eine Darstellungsform und eine Appellfunktion. Die Ausdrucksform beschreibt, was wir sagen und was wir mit dieser Aussage von uns preisgeben. Der Sender drückt seine Gefühle, oder ein Symptom, aus. Er sagt zum Beispiel: „Mir ist kalt".

Die Darstellungsform steht als Symbol für das, was die Person beschreiben möchte. Sie könnte sagen: „Auf der Couch liegt eine Decke."

Die Appellfunktion gibt dem Empfänger ein Signal, etwas zu tun. „Bring mir die Decke", wäre so ein Appell.

Dieses Modell bezieht also hauptsächlich die verbale, gesprochene Sprache mit ein und all das, was wir mit den Ohren hören. Die Körpersprache und Bewegungen spielen keine so große Rolle.

Transaktionsanalyse

Eric Berne war ein Psychiater, der sich an den Ideen von Sigmund Freud orientierte. In seiner Transaktionsanalyse beschreibt er die menschliche Kommunikation als Transaktion. Informationen werden von einer Partei zur anderen weitergegeben. Die Persönlichkeit der Interaktionspartner spielt dabei eine sehr große Rolle. Sie kann in 3-Ich Zustände eingeteilt werden:

- das Eltern Ich
- das erwachsene Ich
- das kindliche Ich

Das Eltern-Ich orientiert sich am Verhalten der Vertrauensperson aus der Kindheit einer Person. Wie eine Mutter oder ein Vater kritisiert, lobt und erzieht es. Es ist die moralische Instanz, die uns zurechtweist, wenn wir vom Weg abgekommen sind.

Das Erwachsenen-Ich orientiert sich nicht an der Vergangenheit, es lebt für die Gegenwart. Wenn wir uns im Zustand des Erwachsenen-Ich befinden, kommunizieren wir respektvoll miteinander. Wir schlagen nicht über die Stränge und sind nicht durch frühere Erlebnisse vorbelastet.

Das Kind-Ich benimmt sich häufig wie ein 3-jähriger, der keine Schokolade bekommt. Es ist trotzig und verhält sich irrational. Es wird eventuell mit Gegenständen werfen oder sogar jemanden schlagen. Dieser Zustand wird von den Erlebnissen unserer Kindheit beeinflusst. Wenn wir viele negative Erfahrungen in der Kindheit gemacht haben, befinden wir uns eventuell häufig im kindlichen Zustand und handeln so, wie wir es auch als Kinder getan hätten.

Menschen kommunizieren also laut Eric Berne, je nachdem, in welchem Zustand sie sich gerade befinden. Stellen Sie sich vor, sie werden im Zuge einer Verkehrskontrolle aufgehalten. Der Polizist bittet Sie um Ihre Fahrzeugpapiere und Sie bemerken, dass Sie Ihren Führerschein vergessen haben. Wenn Sie sich gerade im kindlichen-Ich befinden und dieses eher rebellisch-trotzig ist, könnten Sie folgendes sagen: „Es ist doch nicht so schlimm, mal etwas zu vergessen. Ich werde die Strafe mit Sicherheit nicht bezahlen. Lassen Sie mich in Ruhe."

Sie könnten aber auch mit dem Erwachsenen-Ich antworten und sagen: „Ich hätte meinen Führerschein nicht vergessen dürfen. Ich werde die Konsequenzen dafür tragen und die Strafe bezahlen."

Möglicherweise, sitzt neben uns unser Partner, der aus seinem Eltern-Ich kritisch anmerkt: „Na toll, jetzt kannst du die Konsequenzen für dein Fehlverhalten tragen. Nächstes Mal solltest du lieber kontrollieren, ob du deinen Führerschein eingepackt hast."

Das Wissen über die verschiedenen Zustände, in denen sich Menschen befinden können, kann uns dabei helfen, ihr zukünftiges Verhalten besser vorherzusagen. Wenn ich bemerke, dass jemand aus dem Kind-ich heraus agiert, kann ich davon ausgehen, dass er eher zu spontanen und impulsiven Handlungen neigen wird. Das Erwachsenen-ich stellt den Idealzustand in der Kommunikation dar. In Gesprächen mit anderen Personen sollten wir also stets versuchen, sachlich zu bleiben und dem anderen mit Respekt zu begegnen.

Die 5 Axiome der Kommunikation

In der Einleitung sind wir dem Entdecker dieser Grundregeln der Kommunikation schon einmal kurz begegnet. Paul Watzlawick war es wichtig, feste Regeln aufzustellen, um Missverständnisse und Fehler in der Kommunikation zu vermeiden. Für ihn ging es beim Sprechen immer darum, in welcher Beziehung die Gesprächspartner zueinanderstehen. Kein Informationsaustausch ist rein sachlich. Kommunikation geschieht immer aus einem Zusammenspiel aus Ursachen, Beziehungen und Gefühlen heraus, die entweder im Gleichgewicht oder im Ungleichgewicht sind.

Das erste seiner Axiome ist wohl eines der bekanntesten Zitate aus der Kommunikationspsychologie: „Man kann nicht, nicht kommunizieren!"

Hier sind die Axiome in leicht abgewandelter Form dargestellt, um sie verständlicher zu machen.

1. Kommunikation ist allgegenwärtig

Das bedeutet, man spricht immer, auch wenn man nichts sagt. Wir kommunizieren viel mehr mit unserer Körpersprache als mit Worten. Erinnern Sie sich an das Beispiel mit dem Mann im Wartezimmer. Durch unsere Körperhaltungen und Bewegungen können wir Geschichten erzählen, auch wenn wir das gar nicht möchten.

2. Bei der Kommunikation geht es um den Inhalt des gesprochenen und die Beziehung zwischen den Menschen

Diese Regel besagt, dass alles, was wir sagen, eine Information in sich trägt und, dass die Art wie wir etwas sagen Aufschluss darüber gibt, wie wir zu unserem Gegenüber stehen. Wenn Sie beispielsweise die Idee eines Mitarbeiters während eines Meetings abwerten, weil Sie ihn nicht mögen, äußern Sie Ihre Beziehung zu diesem Mitarbeiter. Durch ihren Tonfall und Ihre Artikulation geben Sie preis, dass Sie eine Abneigung gegenüber dieser Person empfinden. Jede Information enthält also auch eine Beziehungskomponente.

3. Die Kommunikation hat einen Hintergrund und wirkt sich in bestimmter Art und Weise auf etwas oder jemanden aus

Das, was Sie einem anderen Menschen sagen, kann die Ursache seiner Reaktion sein. Wenn Sie einem Mitmenschen eine schlimme Nachricht überbringen, und dieser daraufhin anfängt zu weinen, ist ihre Kommunikation verantwortlich für seine Reaktion. Diese Reaktion ist dabei ebenfalls wieder ein Reiz, der bei Ihnen eine Reaktion auslösen kann. Die Kommunikation funktioniert also in einem Kreislauf ohne Ende und Anfang.

4. Es gibt nonverbale (analoge) Anteile unserer Sprache und verbale (digitale Anteile), die in jeder Nachricht vorkommen.

Unter analogen Modalitäten versteht Watzlawick die nonverbalen Äußerungen. Sie vermitteln den Beziehungsaspekt der Nachricht. Digitale Modalitäten sind die sprachlichen Aussagen. Durch sie werden Informationen weitergegeben. Jedes gesprochene Wort hat also durch die Mimik und die Gestik auch einen nicht ausgesprochenen Anteil, der das Gesagte entweder unterstreicht oder ihm widerspricht.

5. In jeder Kommunikation gibt es Hierarchien

Wir können mit unserem Gegenüber gleichauf sein oder ihm unter- oder übergeordnet sein. Wenn die Kommunikation symmetrisch ist, ist keiner der Partner stärker oder schwächer. Sie kommunizieren miteinander auf Augenhöhe. Oft tritt dieses Verhalten bei Personen auf, die einander sehr vertraut sind. Man beobachtet dann auch spiegelndes Verhalten, bei dem beide Personen einander nachahmen. Die beiden Parteien ergänzen einander und stehen in einem Wechselspiel.

Herrscht allerdings ein Ungleichgewicht zwischen den Kommunikatoren, kann es vorkommen, dass sie versuchen wollen, einander zu übertrumpfen. Diese Art von Verhalten entsteht oft aus Problemen, die es zu lösen gilt.

In Beziehungen kann man häufig komplementäre Kommunikation beobachten, wenn ein starker Unterschied zwischen den Personen besteht. Beispielweise bei Müttern und Kindern. Die Mutter ist der stärkere Part und das Kind unterliegt ihr. Das Verhalten des Kindes wird von der Mutter ergänzt und umgekehrt.

Kommunikationstechniken

Vielleicht haben Sie sich schon einmal gefragt, was Sie tun können, um Ihre sozialen Interaktionen zu optimieren. Die gute Nachricht ist, es gibt tatsächlich Strategien, die man erlernen kann, um besser zu kommunizieren. Die schlechte Nachricht ist, alte Verhaltensmuster zu durchbrechen, ist nicht immer einfach. Noch dazu geschieht ein Großteil unserer Kommunikation aus einer unbewussten Reaktion auf einen Reiz heraus. Man muss sich also erstmal bewusstwerden, was die Auslöser einer Reaktion sind. Wenn ich weiß, dass jemand gereizt reagiert, weil er den Bus verpasst hat, zur spät zur Arbeit gekommen ist und von seinem Chef Ärger bekommen hat, werde ich anders mit ihm kommunizieren, als wenn ich diese Gründe nicht kenne. Kommunikationstechniken sind also keine universell gültigen Regeln. Vielmehr hängen sie vom Kontext der Situation ab. Die nachfolgenden 6 Tipps zur Kommunikationsverbesserung sollten Sie daher immer vor dem Hintergrund der Begleitumstände betrachten.

Aktives Wahrnehmen

Es ist wichtig, seinem Gegenüber aktiv zuzuhören, wenn er spricht. Aber nicht nur mit den Ohren sollten wir aktiv wahrnehmen, auch durch unsere übrigen Sinne können wir kommunizieren. Um andere zu verstehen und ihre Körpersprache richtig deuten zu können, müssen wir sie aktiv beobachten, und zwar mit all unseren Sinnen. Ein Geruch, kann uns oft verraten, wo sich eine Person aufgehalten halt. Riechen wir zum Beispiel ein bestimmtes weibliches Parfüm, könnte das bedeuten, dass diese Person sich in der Nähe einer Frau aufgehalten hat, die dieses Parfüm trägt. Diese subtile Information hilft uns, uns auf das Gespräch vorzubereiten. Wenn ich die Person jetzt frage, wo sie war, kann mir ihr Geruch einen

Hinweis darauf geben, ob ihre Antwort der Wahrheit entspricht oder nicht.

Wenn wir mit unserem Sehsinn die feinen Bewegungen unseres Gesprächspartners beobachten, kann uns das viel über seinen Gemütszustand verraten. Wir können an der Haltung von Menschen auch herauslesen, ob diese uns mögen oder nicht. Begrüßt uns zum Beispiel jemand mit angewinkelten Armen oder verschränkt er gar die Arme hinter dem Rücken, bedeutet das, dass er uns nicht sonderlich zugetan ist.

Es geht also bei dieser Technik darum, sich in Gesprächen aufmerksam zu verhalten. Nur so können wir alle Informationen bekommen, die wir benötigen, um effektive Kommunikation zu betreiben und zu verstehen. Wir wissen dann, ob wir den anderen lieber in Ruhe lassen sollten oder auf ihn zugehen können. Indem wir unsere Aufmerksamkeit verbessern, verbessern wir auch unsere Kommunikation.

Zuhörzeichen geben

Diese Taktik wenden wir oft unbewusst an, in dem wir mit dem Kopf nicken oder mit den Händen gestikulieren. Wenn uns jemand eine haarsträubende Geschichte erzählt, schütteln wir auch oft ungläubig den Kopf, um zu signalisieren wie geschockt wir von der eben gehörten Information sind. Wenn unser Gegenüber bestätigt bekommt, dass wir ihm zuhören und ihn verstehen, ermutigt ihn das dazu weiterzusprechen. Wir können auch das Gesagte wiederholen, Zustimmungslaute (Aha, Mhm, Aso) geben oder Sätze vervollständigen, um zu signalisieren, dass wir zuhören.

Mit diesen kleinen Zeichen antworten wir also unbewusst auf die Informationen, die wir vom anderen bekommen. Geben Sie aber auch bewusst Zeichen, um zu signalisieren, dass Sie an dem was Sie hören interessiert sind. Frauen neigen übrigens dazu, mehr Zuhörzeichen auszusenden als Männer. Sie geben sich selbst weniger Raum im Gespräch und sind aufmerksamere Zuhörer in

Gesprächen. Natürlich können auch Männer gut zuhören, sie geben dabei aber einfach weniger Signale als Frauen das tun.

Passen Sie allerdings auf, dass Sie nicht in Monotonie verfallen. Zu häufige, oder immer die gleichen Zuhörzeichen, wirken eher störend als fördernd auf die Kommunikation.

Fragen stellen

Stellen Sie ihren Mitmenschen Fragen! Das zeigt Interesse und entwickelt Gespräche weiter. Genauso wie bei den Zuhörzeichen, symbolisieren Fragen, dass sie gerne mehr hören möchten, dass sie aktiv bei der Sache und ganz Ohr sind.

Es gibt verschiedene Arten von Fragen, die sich grob in 3 Kategorien einteilen lassen:

- Offene Fragen
- Halb-offene Fragen
- Geschlossene Fragen

Offene Fragen werden oft auch als W-Fragen bezeichnet. Sie bedienen sich häufig an den Fragewörtern Wer, Wie, Was, Wieso, Warum, Weshalb und Wann. Die Fragen werden als offen bezeichnet, weil sie jede Antwort zulassen. Man kann kurz und knapp mit „Ja" oder „Nein" antworten oder ausschweifende Erklärungen geben. Ein Beispiel wäre: „Wie war der Urlaub?". Ihr Gegenüber kann entweder mit einem „Der Urlaub war sehr schön." antworten, oder Ihnen detailliert erzählen, was er in den Ferien alles erlebt hat.

Halb-offene Fragen haben oft einen versteckten Hintergrund. Sie dienen dazu, jemanden beim Lügen zu ertappen, stellen Vergleiche an und wollen Gründe offenbaren. Wenn Sie Ihr jugendliches Kind zum Beispiel fragen, wie sein Tag in der Schule war, wollen Sie vielleicht eigentlich wissen, ob es überhaupt in der Schule war.

Geschlossene Fragen werden mit „Ja" oder „Nein" beantwortet. Zu ihnen zählen die Suggestivfragen, die auch als Antwortfragen bezeichnet werden. Wenn ich mein Kind frage: „Du warst heute nicht in der Schule, oder?", dann suggeriere ich ihm, dass ich die Antwort eigentlich schon kennen und lügen zwecklos ist.

Geschlossene Fragen stoppen Gespräche. Wenn jemand zu viel redet, kann man durch geschlossene Fragen seinen Redefluss aufhalten und das Gespräch in eine andere Richtung bringen.

Mit unterschiedlichen Fragestilen kann man also auf die Kommunikation einwirken. Wir können Gespräche in Gang bringen oder sie stoppen und wir können Personen signalisieren, dass wir die erfragten Informationen eigentlich schon kennen.

Ich-Botschaften

Jemand anderem vorzuwerfen, was er oder sie falsch gemacht hat, wirkt meist eher kontraproduktiv auf die Kommunikation. Wenn Sie ihrem Partner sagen: „Du hast schon wieder vergessen den Müll herauszubringen", geht er höchstwahrscheinlich in den Verteidigungsmodus über und das Gespräch endet in einem Streit. Viel mehr sollten wir versuchen auszudrücken, was dieses Verhalten mit uns macht, welchen Einfluss es auf unsere Gefühle hat. Mit Ich-Botschaften tun wir genau das. Sagen Sie also lieber: „Ich fühle mich im Stich gelassen, wenn du mir nicht im Haushalt hilfst. Ich habe viel zu tun, bitte hilf mir in dem du den Müll rausbringst." Diese Botschaft bietet weniger Angriffsfläche, denn Sie kritisieren ja nicht das Verhalten Ihres Gegenübers, sondern kommunizieren Ihre eigenen Gedanken und Gefühle. Mit dieser Technik bekommen Sie mehr Verständnis und Sie können den anderen eher dazu bringen, sich kooperativ zu verhalten.

Es gibt aber auch Ich-Botschaften, die gar keine sind. Die Aussage: „Ich finde, du hast dich falsch verhalten", wirkt zwar wie eine Ich-Botschaft, sagt aber eigentlich mehr über den anderen aus als über Sie selbst. Stattdessen sollten Sie lieber das konkrete Verhalten ansprechen und erklären, wie Sie sich dadurch gefühlt haben.

Richtig antworten

Es geht nicht nur darum, was und wie Sie Fragen stellen, sondern auch wie Sie darauf antworten. Wie oben schon erwähnt, gibt es verschiedene Arten von Fragen und jede benötigt eine eigene Antwort.

Erklären Sie Dinge und geben Sie genügend Informationen, um sich verständlich auszudrücken. Aber passen Sie auf, dass Sie nicht zu ausschweifend werden. Spätestens wenn Sie bemerken, dass Sie sich wiederholen, ist es an der Zeit zum Ende zu kommen und dem anderen das Wort zu übergeben. Kommunikation ist ein ständiger Austausch, der nur im Wechselspiel funktioniert. Je nachdem wie Sie zu Ihrem Gesprächspartner stehen, sollten Sie einander genügend Raum im Gespräch geben. Die Sprechzeit sollte dabei ungefähr gleich verteilt sein. Aber in einigen Situationen ist es natürlich notwendig, dass eine Person mehr spricht als die andere. Ein Lehrer, der seinen Schülern oder Studenten einen Vortrag hält, wird mehr sprechen als seine Zuhörer. Ein Chef, der einem neuen Mitarbeiter den Firmenablauf erklärt, ebenfalls.

Wenn Sie zu knappe, oder zu lange Antworten geben, kann das schädlich für die Kommunikation sein. Vermeiden Sie es, auf eine Serie von Fragen nur mit „Ja" oder „Nein" zu antworten. Hin und wieder sollten Sie eine längere Antwort oder Gegenfrage einwerfen, um dem anderen nicht das Gefühl zu geben unerwünscht zu sein.

Auch unaufgeforderte Ratschläge sollten vermieden werden. Meistens ist es besser, den anderen selbst auf die richtige Lösung kommen zu lassen, anstatt ihm zu sagen, was er tun soll. Sie können ihm lediglich einen Schubs in die richtige Richtung geben.

Richtige Artikulation

Um richtig verstanden zu werden, sollten Sie natürlich auch deutlich sprechen. Versuchen Sie möglichst nicht zu nuscheln oder mit vollem Mund zu sprechen.

Öffnen Sie Ihren Mund weit genug beim Sprechen, vor allem bei der Aussprache von Vokalen. Die richtige Zungenhaltung ist ebenfalls wichtig. Logopäden wissen, dass falsche Mund- und Zungenbewegungen zu Sprachstörungen, wie Lispeln führen können. Ihre Aussprache können Sie selbst trainieren. Machen Sie einen kleinen Test. Lesen Sie einen Text zuerst mit zusammengepressten Lippen und danach mit geöffneten Lippen. Sie werden sehen, dass Ihre Aussprache sich verbessert, wenn Sie Ihren Mund weit genug öffnen.

Verwenden Sie außerdem eher kurze, logische Sätze und benutzen Sie nicht zu viele Fremdwörter.

Ebenso wie Ihre Stimme und Ihre Worte sollten Sie auch Ihre Körpersprache richtig einsetzten. Vermeiden Sie es, zu wild zu gestikulieren und halten Sie Augenkontakt, wenn Sie mit jemandem sprechen.

Gesprächstechniken

Im therapeutischen Gespräch gibt es noch einige weitere Gesprächstechniken, die der effektiveren Informationsvermittlung dienen. Aus diesem Grund will ich Sie Ihnen nicht vorenthalten:

■ Verbalisieren

Durch Verbalisieren fassen Sie die Aussagen Ihres Gegenübers mit Ihren eigenen Worten zusammen. Sie konzentrieren sich dabei hauptsächlich auf die emotionale Komponente seiner Aussage. Sie bringen also zum Ausdruck, wie sich der andere gerade fühlen könnte.

Diese Technik verlangt Empathie und Einfühlungsvermögen.

Lassen Sie uns das an einem konkreten Beispiel betrachten:

Stellen Sie sich vor, Sie erfahren von Ihrem Nachbarn, dass er gerade seinen Job verloren hat. Sie sagen Ihrem Nachbarn daraufhin: „Oje, das ist ja schrecklich. Ich kann mir vorstellen, dass Sie jetzt sehr verärgert und verunsichert sind. Ich wäre sehr niedergeschlagen, wenn ich meinen Job verloren hätte." Auch wenn Sie die Gefühle Ihres Nachbarn nicht haargenau treffen, wird er sich freuen, dass Sie versuchen einfühlsam zu sein.

■ Paraphrasieren

Paraphrasieren ist ähnlich wie Verbalisieren. Man drückt also in seinen eigenen Worten aus, was der andere gerade gesagt hat. Es geht darum, das eigene Verständnis des gesagten wiederzugeben, damit der andere die Möglichkeit hat festzustellen, ob wir ihn auch richtig verstanden haben.

Ein Beispiel: Sie kommen in einen Seminarraum und das Fenster steht weit offen. Sie setzen sich neben einen anderen Seminarteilnehmer und sagen: „Hier weht aber ein starker Wind." Ihr Sitznachbar paraphrasiert dann Ihre Worte, indem er sagt: „Stört dich der Luftzug? Ich kann das Fenster gerne schließen.", woraufhin Sie antworten: „Nein, ich genieße die frische Luft. Im anderen Raum war es unglaublich stickig.".

Durch das Paraphrasieren konnte der Seminarteilnehmer das Missverständnis direkt aufklären.

Diese Technik kann man im Gespräch mit anderen Menschen sehr gut üben. Stellen Sie jedoch klar, dass Sie Ihr Gegenüber nicht unterbrechen, weil Sie seine Informationen nicht interessieren. Sie wollen lediglich sicherstellen, dass Sie ihn auch richtig verstanden haben.

■ Spiegeln

Beim verbalen Spiegeln geht es darum, eine Basis zu errichten, die dem anderen bei der Selbstreflexion hilft. Sie halten also Ihrem Gegenüber einen Spiegel vor, in dem Sie das, was er sagt und tut, nachahmen. Der Mensch kann sich selbst am besten durch seine Mitmenschen sehen. Oft bemerken wir gar nicht, wenn wir uns problematisch verhalten und brauchen einen kleinen Schubs von außen, der uns zu verstehen gibt: „Hey, sieh dich doch mal an. So kannst du dich nicht benehmen!". Wie Hofnarren im Mittelalter das Verhalten ihrer Könige und Kaiser spiegelten, um auf humorvolle Weise auf Missstände im Königreich hinzuweisen.

Das Spiegeln von Gesten kann aber auch einen anderen Hintergrund haben. Evolutionär gesehen war es sinnvoll, das Verhalten unserer Mitmenschen zu spiegeln. Wenn wir zum Beispiel beobachten, dass jemand in eine plötzliche Schockstarre verfällt, werden wir automatisch selbst erstarren, um uns vor der Gefahr zu schützen, die der andere sieht. Auch wenn wir sie selbst noch gar nicht sehen können.

■ Konfrontieren

Manchmal erreicht man nur durch Konfrontation eine ehrliche Antwort. Wenn Sie ihrem Gesprächspartner die Fakten an den Kopf werfen, wird er mit der Wahrheit rausrücken müssen. Es geht darum, sich gegenseitig ehrliche Rückmeldungen zu geben. Je ehrlicher Sie sind, desto ehrlicher wird (wahrscheinlich) auch Ihr Gegenüber antworten.

Manchmal müssen Sie Personen aber auch mit schlechten Nachrichten konfrontieren. Ärzte und Therapeuten stehen sehr häufig vor der Herausforderung, Patienten schwere Diagnosen mitteilen zu müssen. Machen Sie deutlich, dass Sie für ein Gespräch offen sind und geben Sie der anderen Person die Gelegenheit auf Sie zuzugehen, wenn er oder sie so weit ist.

■ Zeit sparen

Stellen Sie sich vor, Sie sind in einer Prüfungssituation. Ihr Prüfer hat Sie gerade etwas gefragt auf das Sie keine Antwort wissen. Um Zeit zu sparen, können Sie Sätze zur Überbrückung anwenden. Floskeln wie: „Das ist eine gute Frage!", oder das Wiederholen der Frage, geben Ihnen die Gelegenheit nach einer passenden Antwort zu suchen. Diese Technik können Sie häufig bei Politikern aber auch bei Lehrern beobachten.

Sie haben nun also einige Kommunikations- und Gesprächstechniken gelernt, die Ihnen dabei helfen können, Ihre sozialen Interaktionen zu verbessern. Je mehr und öfter Sie sie anwenden, desto souveräner werden Sie in Gesprächen werden.

Sie müssen immer ein offenes Ohr und Auge haben, um richtig deuten zu können was die Person, mit der Sie sich unterhalten, Ihnen signalisiert. Im nächsten Kapitel werden wir einige Verhaltensweisen kennen lernen, die entweder Wohlbefinden, Dominanz und Selbstvertrauen oder Unbehagen ausdrücken können. Wenn Sie die Bewegungen anderer Menschen (und auch Abweichungen von typischen Bewegungen) erkennen und richtig deuten können, wissen Sie was diese Person unter Stress setzt, wann sie sich unwohl fühlt und beruhigen will, ob sie sich für das Alpha-Tier im Raum hält oder lieber verkriechen würde. Wenn Sie die Verhaltensweisen aufmerksam studieren und in der Interaktion mit Ihren Mitmenschen üben, werden sich Ihre Konversationen nach und nach verbessern.

Körpersprache

Der Großteil unserer Kommunikation spielt sich unterbewusst ab. Zwischen 60 und 90 % unserer Verhaltensweisen sind nonverbal. In bestimmten Situationen, in denen Sprache nicht notwendig ist, zum Beispiel während des Liebesakts, passiert sogar über 90 % der Kommunikation durch nicht sprachliche Signale.

Die Körpersprache, unsere Mimik und Gestik, und all die kleinen Verhaltensweisen, die wir tun, um uns selbst zu schützen oder in ein positives Licht zu rücken, können unsere wahren Emotionen und Intentionen zum Vorschein bringen. Vielleicht haben Sie in Ihrem Leben schon einmal Poker gespielt. Auch wenn nicht, kennen Sie bestimmt den Ausdruck des Pokerface, einem ausdruckslosen Gesicht, dass nicht viel über die wahre Hand der Person verrät. Aber geübte Pokerspieler sind nicht darauf angewiesen, was die anderen Spieler sagen und was sie durch ihren Gesichtsausdruck verraten. Es sind vielmehr die kleinen, unbewussten Bewegungen der Hände und Füße, des gesamten Oberkörpers und der Atmung, die einem guten Pokerspieler verraten können, wer blufft und wer wirklich gute Karten in der Hand hat.

Diese Körperbewegungen werden auch als Gestik bezeichnet. Gesten sind dabei der charakteristische Ausdruck innerer Haltungen durch Bewegungen der Arme, Beine und Hände. Die Hände spielen eine ganz besondere Rolle in der Kommunikation. Man kann an den Händen einer Person erkennen, welchem Beruf sie nachgeht. Man sieht auch den sozialen Status an den Händen. In Thailand haben Männer, die keine körperliche Arbeit verrichten müssen, oft einen oder mehrere lange Fingernägel. Sie dienen als Symbol, um von vornherein klarzumachen: „Ich gehöre einer höheren sozialen Schicht an, ich muss keine harte körperliche

Arbeit verrichten.". Man kann also an den Händen im Ruhestand schon allerhand über eine Person erfahren.

Auch die Beine und Füße können aufschlussreich sein. Wippende Füße oder um Stuhlbeine geschlungene Beine können ein Zeichen von Nervosität sein. Diese Bewegungen dienen zur Beruhigung und werden ganz automatisch von unserem limbischen System ausgeführt, wenn wir beunruhigt oder gestresst sind und nach Halt und Entspannung suchen. Die Füße gelten dabei als der glaubwürdigste Körperteil. Sie fungieren schon seit Millionen von Jahren als erste Instanz, wenn sich eine drohende Gefahr nähert. Mit den Füßen können wir weglaufen oder erstarren, wir können mit ihnen fühlen und ziehen reflexartig die Füße weg, wenn wir auf etwas Spitzes oder Heißes treten.

Sehen wir uns nun verschiedene Gesten und Bewegungen an, um zu lernen, was sie zu bedeuten haben.

Gestik

Es gibt eine Reihe an nonverbalen Zeichen, die verraten können wie sich der andere wirklich fühlt. Diese Zeichen müssen allerdings auch im richtigen Kontext interpretiert werden können. Manche Leute verschränken zum Beispiel die Arme, um sich selbst zu beruhigen. Sie verschränken eventuell auch die Beine oder nehmen einen breiten Stand ein. Auch die kleinen Bewegungen der Muskeln in den Fingern können uns etwas über die Gemütslage unseres Gegenübers erzählen. Wenn Sie lernen wollen, wie Sie andere Menschen richtig lesen können, sollten Sie sich darüber im Klaren sein, dass Sie andere Menschen beobachten müssen. Am besten unbemerkt. Sie müssen lernen, wie diese Personen sich in bestimmten Situationen verhalten, wann Ihr Verhalten vom Normalverhalten abweicht und welche Hinweise einen Lügner enttarnen könnten, ohne, dass diese Menschen merken, dass sie beobachtet werden.

Das Beobachten findet dabei nicht nur über unseren Sehsinn statt. Sie sollten lernen, alle Sinne einzusetzen. Versetzen Sie sich einmal in die folgende Situation: Sie sind abends allein zu Hause. Draußen heult der Wind und plötzlich hören Sie noch ein Geräusch. Es klingt wie das Quietschen Ihrer Haustüre, wenn diese sich öffnet. Da Sie keinen Besuch erwarten und sich sicher sind, dass Sie die Türe abgeschlossen haben, geraten Sie in Alarmbereitschaft. Sie können jetzt entweder zur Türe gehen, um nachzusehen, was los ist, sich verstecken oder erstarren und an Ort und Stelle bleiben. Diese drei Reaktionsweisen sind der evolutionär vorgegebene Flight-Fight-Freeze Mechanismus, den wir weiter oben schon besprochen haben. Durch die von Ihnen wahrgenommene Veränderung des Normalzustands gerät Ihr Körper automatisch in eine dieser drei Verhaltensweisen. Glücklicherweise war es in diesem Fall nur Ihr Partner, der etwas vergessen hat und leise zurück ins Haus schlich, weil er dachte, Sie würden schon schlafen. Es hätte aber genauso gut ein Einbrecher sein können. Durch Ihre aufmerksame Beobachtungsgabe konnten Sie eine potenziell gefährliche Situation vorhersehen.

Menschen, die nonverbale Signale anderer richtig deuten können, sind im Leben erfolgreicher. Wenn Sie während eines geschäftlichen Meetings bemerken, dass die Füße Ihres Vertragspartners in Richtung des nächsten Ausgangs zeigen, können Sie davon ausgehen, dass ihm das Gespräch eher unangenehm ist und er den Raum gerne verlassen würde. Durch dieses Wissen haben Sie die Möglichkeit zu intervenieren. Auch wenn Sie herausfinden wollen, ob jemand die Wahrheit sagt, ist es sinnvoll seine Bewegungen genau zu beobachten. Wenn Ihnen Ihr Kind beispielsweise erzählt, dass es nach links in die Schule gegangen ist, seine Hand aber dabei nach rechts zeigt, ist es möglich, dass es Sie anlügt. Die unbewusste Handbewegung in die andere Richtung verrät die Diskrepanz des Sprechers, also das Missverhältnis der beiden Informationen.

Gestik, Mimik und Körperbewegungen anderer richtig einschätzen zu können erfordert viel Geduld und Übung. Es gibt einige Grundregeln, die Sie dabei beachten sollten. Sie werden Ihnen helfen, schneller und effizienter kommunizieren zu lernen:

■ Beobachten als aktiver Akt

Wir haben bei den Kommunikationsregeln schon festgestellt, dass Wahrnehmung und Zuhören aktiv erfolgen müssen, um erfolgreich zu kommunizieren. Auch für die Körpersprache ist es wichtig, mit allen Sinnen aktiv aufzupassen, was der andere von sich gibt. Wenn Sie alles verstehen wollen, was der andere Ihnen erzählt, können Sie sich nicht einfach von ihm berieseln lassen. Sie müssen sich ihm zuwenden und genau zuhören, was er sagt und wie er es sagt.

Passen Sie aber auf, dass Sie niemanden anstarren. Das kann schnell zu Unsicherheit bei Ihrem Gegenüber führen und die wahrgenommene Botschaft verzerren. Es ist nicht einfach, das Gleichgewicht zwischen Anstarren und passivem Zuhören zu halten. Es erfordert Übung und Fingerspitzengefühl, aber Sie werden sehen, dass es mit der Zeit immer einfacher wird.

■ Veränderungen im Verhalten erkennen

Es ist sehr wichtig zu wissen, wie sich Menschen im Normalfall verhalten. Wenn jemand die Hände während eines Gesprächs zu einem Dach gefaltet auf dem Tisch liegen hat, deutet das normalerweise auf großes Selbstvertrauen hin. Das plötzliche Einhaken der Finger, wie bei einer Gebetshaltung, ist ein Zeichen dafür, dass irgendetwas nicht stimmt. Etwas an dem Gespräch hat diese Person verunsichert und lässt sie zweifeln.

Wenn eine Frau, die eben noch sanft ihre Haare hinters Ohr gesteckt hat und Ihnen somit Interesse signalisiert, plötzlich mit den Haaren spielt und sie zu Strähnchen dreht, könnte das verschiedene Dinge bedeuten. Es könnte heißen, dass sie gelangweilt ist und das Interesse an Ihnen oder dem Gespräch verloren hat, oder dass sie unsicher ist.

Auch im Umgang mit Kindern ist es wichtig, ihr Normalverhalten zu kennen und Abweichungen zu erkennen. Der Junge, der seinen Sportlehrer normalerweise freundlich begrüßt und sich plötzlich von ihm abwendet, den Blick zum Boden gerichtet und die Arme an den Körper gepresst, verbindet eventuell ein negatives Erlebnis mit diesem Lehrer. Hier ist es sinnvoll, genauer hinzusehen und nicht so zu tun, als ob nichts wäre. Wenn jeder über diese Beobachtungsgabe verfügen würde, wäre es ein leichtes, Missbräuche rechtzeitig aufzudecken.

Durch Verhaltensveränderungen können Veränderungen der Interessen, Gefühle, Absichten und Gedanken ausgedrückt werden. Wenn jemand auf einmal seine wilden Handgesten einstellt, hat ihn eventuell etwas so erschreckt, dass er wie erstarrt ist.

Auch wenn sich die Person plötzlich mehr bewegt als zuvor, zum Beispiel schneller mit dem Fuß wippt oder aber von seitlichen Bewegungen zu auf und ab Bewegungen wechselt, kann das ein Hinweis auf etwas sein. Zum Beispiel, dass diese Person schlechte Nachrichten bekommen hat und sie gerade verarbeitet.

■ Unterschiede und Gemeinsamkeiten

Lernen Sie auch, welche Verhaltensweisen bei allen Menschen gleich sind und wodurch sich Individuen voneinander unterscheiden. Universell gültige nonverbale Verhaltensweisen werden von allen Menschen ähnlich verwendet. Die Zähne fest zusammenzubeißen und den Kiefer anzuspannen oder seine Fingernägel zu beißen sind solche universellen Handlungen. Sie zeigen Anspannung und Unwohlsein oder Nervosität. Wenn Sie diese allgemeingültigen Handlungen kennen, wissen Sie schon sehr viel über die menschliche nonverbale Kommunikation.

Es gibt aber auch Handlungen, die jeder anders einsetzt. Beobachten Sie dazu Ihre Mitmenschen. Wo legt mein Mann normalerweise sein Handy ab, wenn er ins Bett geht? Welche Bewegungen macht meine Frau mit ihren Händen, wenn sie mir etwas erzählt? Wie umarmt mein Kind seinen Onkel auf der Familienfeier? Der beste Weg, zukünftiges Verhalten vorherzusagen, ist vergangenes Verhalten zu kennen.

■ Kontextbezogen beobachten

Je nach Situation reagieren Menschen mit unterschiedlichen Verhaltensmustern. Wenn wir gerade einen Autounfall hatten, werden unsere Hände zittern und wir werden eventuell stottern und uns irrational verhalten. Diese Reaktion auf den Schock, den wir gerade erlebt haben, ist ganz normal.

Das Verhalten kann dabei aufgrund eines Ereignisses, einer Person, einem Ort oder einem Zeitpunkt auftreten. Die Auslösebedingungen können also ganz unterschiedlich sein.

In anderen Kulturen ist der Kontext von noch größerer Bedeutung. Eine Studie, die eine Gruppe von Menschen aus Namibia und aus den USA verglich, konnte feststellen, dass die Namibier viel größere Probleme damit hatten, emotionale Gesichtsausdrücke der richtigen Gefühlsausprägung zuzuordnen, wenn diese ohne Kontext dargeboten wurden. Es war für sie fast unmöglich, ein Lächeln zu erkennen, ohne das Gesamtbild zu sehen.

Der Kontext ist also für die Informationsverarbeitung sehr wichtig. Rufen Sie sich deswegen immer ins Bewusstsein, in welcher Situation sich die Person gerade befindet, die Sie beobachten und analysieren.

■ Wiederholungen

Wenn jemand wiederholt die gleiche Bewegung macht, kann das sehr aufschlussreich sein. Vor langem habe ich mal von einem befreundeten Polizisten folgende Geschichte gehört: Der Polizist und seine Kollegen hatten auf der Autobahn einen jungen Mann aufgehalten, der im Verdacht stand, Drogen aus den Niederlanden nach Deutschland schmuggeln zu wollen. Die Beamten befragten den Mann zu den Vorwürfen und der stritt natürlich alles ab. Bei der Frage, ob er vorhatte, Drogen zu schmuggeln, fasste er sich allerdings immer an die Nase, hielt sich die Nasenlöcher kurz zu und zupfte dabei an seinem Nasensteg herum. Der aufmerksame Polizist bemerkte diese kleine Geste und wurde stutzig. Als er ihn zum wiederholten Mal nach seinem Vorhaben fragte, und der Mann wieder die gleiche Handbewegung zur Nase machte, wusste er, dass ihn diese Frage verunsicherte und er sich mit dieser Beruhigungsgeste verriet. Da die Polizisten ihm aber noch nichts nachweisen konnten, folgten sie ihm unbemerkt und erwischten ihn dann auf frischer Tat bei der Einfuhr von Cannabis.

Durch die wiederholte Geste konnte der Polizist sich beinahe sicher sein, dass der junge Mann etwas im Schilde führte.

■ Täuschungssignale erkennen

Mithilfe dieses Ratgebers werden Sie lernen, Signale richtig einschätzen zu können. Es bedarf viel Übung, sich die vielen verschiedenen Bewegungen und Bewegungsmuster einzuprägen und im Alltag richtig beurteilen zu können. Natürlich gibt es auch Menschen, die sich der Signale ihres eignen Körpers bewusst sind und diese zielgerichtet einsetzen, um andere in die Irre zu führen. Aber auch die besten Betrüger verraten sich irgendwann, da unser Unterbewusstsein in Extremsituationen immer die Überhand hat. Sie werden mit der Zeit lernen, falsche Signale zu erkennen.

Die wichtigsten sind dabei Anzeichen für Wohlbefinden und Unbehagen. Sie können nicht immer sicher sein, was eine Geste bedeutet. Das müssen Sie auch nicht. Wenn Sie eine Bewegung nicht genau einschätzen können, überlegen Sie sich, ob Ihr Gegenüber eher Wohlbefinden ausstrahlt oder Unwohlsein. Dient seine Berührung der Beruhigung oder ist sie ein Ausdruck seines Selbstbewusstseins?

Blicken Sie außerdem zuerst auf die Füße des anderen. Die Füße sind oft weniger steuerbar als Hände oder Gesichtsausdrücke. Wenn jemand über dem Tisch ruhig und entspannt wirkt, aber unter dem Tisch wild mit den Füßen zappelt, ist das ein sicheres Anzeichen dafür, dass er aufgeregt ist oder ihm unwohl ist.

In der nachfolgenden Tabelle habe ich die häufigsten Verhaltensweisen und ihre Bedeutung auf einen Blick zusammengefasst. Sie sind dabei in drei Kategorien eingeteilt. Gesten, die Wohlbefinden oder Selbstvertrauen aussenden, Gesten die Unbehagen oder Widersprüche widerspiegeln und Verhaltensweisen, die der Dominanz und Autorität dienen. Nehmen Sie sich Zeit, diese genau zu studieren und durchzulesen:

WOHLBEFINDEN / SELBSTVERTRAUEN	
Daumen raus	Wenn die Hände in den Hosentaschen stecken, ist das meist ein Zeichen von geringem Selbstvertrauen. Schauen die Daumen aber heraus, so zeugt das von Autorität.
Dach mit den Händen machen	Die Hände mit gespreizten Fingern sichtbar zu einem Dach zu falten bedeutet, dass man zu dem, was man sagt, steht.
Gekreuzte Beine im Stehen	Mit überkreuzten Beinen dazustehen bedeutet, dass man Vertrauen hat. Dies ist eine verletzliche Position, in der man leicht umfallen kann und wir stehen nur in Gegenwart von Personen, denen wir vertrauen so.
Gekreuzte Beine im Sitzen	An dieser Sitzhaltung kann man viel über die Einstellung einer Person erfahren. Das Bein, das bei der Überkreuzung oben liegt, zeigt zum Sprecher? Das bedeutet, dass er mit dem Gesagten einverstanden ist. Wenn der Mensch aber seine Sitzhaltung ändert und das andere Bein nach oben legt, bedeutet das, dass ihm irgendetwas an dem Gespräch nicht gefällt.

Kopf zur Seite legen und Hals entblößen	Beim Flirt legen wir oft unseren Kopf zur Seite und entblößen so unseren Hals. Diese Geste macht uns angreifbar und wir führen sie nur aus, wenn wir uns wohlfühlen.
Im Gespräch mit jemandem wegsehen, um nachzudenken	Das Wegsehen während eines Gesprächs wird oft missverstanden. Es ist eine der Gesten, die zeigt, dass wir uns in Gegenwart unseres Gesprächspartners entspannen können. Wir sehen weg, um den nächsten Gedanken klarer fassen zu können.
niedrige (normale) Blinzelfrequenz	Um die Blinzelfrequenz einschätzen zu können, ist es wichtig zu wissen, wie oft eine Person normalerweise blinzelt. Es gibt Menschen, die schon von vorneherein häufig mit den Augenlidern blinzeln. Wenn man unter Stress steht, wird das Blinzeln häufiger.
Kinn und Nase nach oben	Mit erhobenem Haupt wirkt man souveräner und selbstbewusster.
Dinge, die zwischen Gesprächspartnern stehen wegräumen	Menschen, die sich unwohl fühlen, benutzen oft Gegenstände als Barrikaden zwischen sich und dem Gegenüber. Wenn jemand alle Dinge, die zwischen ihm und seinem Gesprächspartner stehen, wegräumt, zeigt das Vertrauen und Wohlbefinden.
Sich näher kommen	Wenn Personen sich während eines Gesprächs immer näherkommen und so die Distanz zwischen sich verringern, heißt das, dass sie sich in der Gegenwart des anderen wohlfühlen.

Spiegeln	Personen, die auf einer Wellenlänge sind und einander vertrauen, werden mit der Zeit anfangen ihr Verhalten zu spiegeln. Sie nehmen zum Beispiel die gleiche Sitzposition ein.
Jemanden mit den Füßen berühren	Wen sich Personen unter dem Tisch sanft mit den Füßen berühren, vertrauen sie sich höchstwahrscheinlich. Dieses Füßeln kann man vor allem bei Verliebten beobachten.
Sich jemandem zuwenden; einen Schritt auf ihn zugehen	Jemand, der uns sympathisch ist, wird von uns mehr Aufmerksamkeit bekommen. Wir wenden uns ihm mit unserem Oberkörper zu, oder gehen einen Schritt auf ihn zu.
UNBEHAGEN UND BERUHIGUNGSGESTEN	
Spielen mit einer Halskette	Das Spielen mit der Halskette ist vergleichbar mit dem Bedecken des Halses. Es beruhigt in Situationen, in denen wir unter Stress stehen.
über den Hals streicheln	Das Streicheln des Halses ist ähnlich wie das Spielen mit der Halskette. Es stimuliert die Nervenenden und folgt oft auf einen negativen Reiz.
im Gesicht berühren	Männer berühren sich häufig im Gesicht, wenn sie sich unwohl fühlen. Sie reiben sich die Stirn, fassen sich ans Kinn oder streicheln sich über die Wangen. Frauen neigen eher dazu, mit ihren Kleidungs- oder Schmuckstücken zu spielen.

Geräusche machen	Vielleicht sind Sie schon mal alleine abends nach Hause gegangen. Pfeifen beruhigt dabei ungemein. Andere beruhigende Geräusche sind klopfen oder mit den Fingern trommeln.
Gähnen	Wir gähnen, wenn wir müde sind. Aber auch, wenn wir unter Stress stehen. Das Gähnen befeuchtet dabei nämlich den Mund, der in stressigen Situationen trocken wird.
Mit der Hand das Bein streicheln	Über das Bein zu streicheln ist ähnlich wie sich im Gesicht oder am Hals zu berühren. Es ist allerdings unauffälliger, da die Beine häufig außer Sichtweite sind.
Mit den Fingern den Hemdkragen weiten	Männer, die unter starkem Stress stehen, weiten oft ihre Krawatte oder ihren Hemdkragen, um besser Luft holen zu können. Wenn sie sich in die Enge getrieben fühlen, kann man diese Geste häufig beobachten.
Verschränkte Arme Beruhigung	Sich mit den Armen selbst zu umarmen und dabei die Schultern sanft zu streicheln oder zu reiben wirkt ungemein beruhigend.
bei Rauchern: mehr rauchen	Raucher werden, wenn sie nervös sind, häufiger zur Zigarette greifen als in entspannten Situationen.
Kaugummi kauen und Kaufrequenz erhöhen	Jemand der gerade einen Kaugummi kaut, wird ihn schneller kauen als zuvor. Halten Sie wieder Ausschau nach Veränderungen im Verhalten.

Laut ausatmen	Vielleicht haben Sie schon einmal den Tipp bekommen, vor wichtigen Terminen auf Ihren Atem zu achten, um sich zu beruhigen und Ihre Herzfrequenz zu regulieren.
Nacken berühren	Berührungen des Nackens sind gleichzustellen mit Berührungen des Halses und des Gesichts. Auch eine kleine Nackenmassage dient der Entspannung und kann bei Leuten beobachtet werden, die unter Anspannung stehen.
Kleidung anfassen	Wie schon erwähnt, neigen Frauen eher dazu sich an der Kleidung zu berühren und Männer berühren sich im Gesicht.
mit Gegenständen spielen	Gegenstände dienen dabei wie die Kleidung zur Beruhigung.
Krawatte richten	Mit der Gestik des Krawattenrichtens bedecken Männer ihren Rumpf. Sie tun dies in Situationen, in denen sie sich nervös fühlen. Der Rumpf wird geschützt, da er viele wichtige Organe enthält. Unser Unterbewusstsein versucht ihn also in Situationen, die bedrohlich wirken, zu verstecken.
Etwas vor den Körper halten	Wie eine Barrikade halten manche Menschen Gegenstände vor ihren Körper, wenn sie sich unwohl fühlen. Das können Kissen, Taschen oder Akten sein. Durch diesen Schutzschild kann man sich vom anderen abgrenzen.

Sich klein machen	Dieses Verhalten kann man bei Ladendieben beobachten. Sie versuchen, sich zu ducken, um sich möglichst unsichtbar zu machen. Wenn Kinder sich im Beisammensein mit Erwachsenen unwohl fühlen, werden sie versuchen, sich so klein wie möglich zu machen, um nicht aufzufallen.
Vor Freude zittern	Wenn Personen durch freudige Ereignisse aufgeregt sind, kann es sein, dass sie vor Vergnügen mit den Händen zittern oder
Mit den Füßen wippen; auf Zehenspitzen oder im Sitzen mit den Knien	Wer eine freudige Nachricht erhält, macht manchmal unbewusste kleine Luftsprünge mit den Füßen. Dieses Verhalten passiert oft unterbewusst und kann nur schwer vorgetäuscht werden. Es zeugt daher von ehrlicher Emotion.
UNBEHAGEN / WIDERSPRUCH	
Mit den Händen in eine Richtung deuten	Ein klares Zeichen von Widerspruch ist es, mit den Händen in eine Richtung zu deuten, während man über die andere Richtung spricht. Wenn ich sage, ich bin nach rechts gegangen und dabei mit der Hand nach links zeige, zum Beispiel.
Das Knie berühren	Wenn jemand ein Gespräch beenden möchte, legt er häufig im Sitzen beide Hände auf seine Knie.

Kälte als Ausdruck von Unbehagen	Verschränkte Arme sind auch manchmal ein Ausdruck von Kälte. Das heißt aber keineswegs, dass diese Kälte nicht auch ein Anzeichen von Unbehagen sein kann. Wenn jemandem ständig kalt ist und den anderen Personen im Raum nicht, kann das ein Zeichen dafür sein, dass diese Person sich unwohl fühlt.
Kein Appetit	Bei negativen Nachrichten leiden wir Menschen häufig unter Appetitlosigkeit. Ein Kind, dessen Eltern sich am Essenstisch streiten, wird mit Sicherheit unter Stress stehen und den Appetit verlieren.
Wegdrehen	Sich einer Sache entziehen zu wollen, wenn man sich in die Enge gedrängt fühlt, ist natürlich. Wir drehen uns dabei häufig einige Millimeter von unserem Gesprächspartner weg.
Mit den Füßen ein L bilden	Wenn Personen während eines Gesprächs einen Fuß wegdrehen und dadurch L-förmig dastehen, bedeutet das, dass sie das Gespräch beenden wollen und sich schon bereit machen wegzugehen. Es muss aber nicht bedeuten, dass sie das Gespräch nicht genießen. Manchmal möchte man zwar gerne weiterreden, muss aber schon zu einem Termin.
Stirnrunzeln	Stirnrunzeln signalisiert Unruhe und wird häufig von einer Beruhigungsgeste begleitet.

Mit den Schultern zucken	Ein leichtes Schulterzucken ist eher ein Zeichen, dass jemand die Unwahrhe- it sagt, als ein starkes gleichmäßiges Heben beider Schultern. Wenn Sie ihr Kind fragen, ob es weiß, warum die Vase kaputt ist und es nur leicht die Schul- tern hebt, ist es möglich, dass es gerade nicht sehr ehrlich war.
Sich nach vorne lehnen	Wenn ihr Gegenüber sich nach vorne lehnt, auf dem Stuhl bis zur Stuhlkante rutscht ist das mit den Händen auf den Knien gleichzusetzen und es bedeutete, dass der andere das Gespräch jetzt lieb- er beenden möchte.
Angelegte Arme, Hände auf dem Schoß	Personen, die die Arme nah am Körper anlegen oder sie sich im Sitzen auf die Oberschenkel legen, zeigen, dass sie sich unwohl und unsicher fühlen
Verschwitze Hände	Manche Menschen neigen zu verschwit- zen Händen, wenn es warm ist oder wenn sie nervös sind. Man kann auch beobachten, dass sie sich die Hände an der Kleidung abwischen.
Händezittern	Wenn wir nervös sind, fangen wir oft unkontrolliert an zu zittern. Es ist also ein klares Zeichen von Unbehagen.
Händeringen, Finger ver- schränken	Unter Stress verschränken wir oft die Finger ineinander. Diese Haltung erin- nert an jemanden, der betet. Er hofft durch diese Handhaltung irgendwie etwas an seiner derzeitigen Situation verändern zu können.

Hände reiben	Sanftes Händereiben steht für geringen Stress und leichte Verunsicherung. Wenn die Intensität der Reibung zunimmt, so können wir davon ausgehen, dass auch der Stress der Person zugenommen hat.
Einen Schritt von jemandem weggehen, sich wegdrehen	Ich ziehe meine Füße dann von jemandem weg, wenn ich gehen möchte oder ihn unsympathisch finde und Distanz zwischen uns errichten möchte. Ich kann auch einen Schritt von ihm weggehen.
Füße verstecken	Personen, die ihre Füße verstecken, wirken, als ob sie etwas zu verbergen hätten. Die Analyse ihrer Reaktionen ist schwieriger, wenn Sie ihre Füße verbergen.
Füße um die Stuhlbeine schlingen	Wenn Sie Ihre Füße um die Stuhlbeine schlingen, sind Sie in Ihren Bewegungen eingeschränkt. Es ist ein Indiz dafür, dass Sie etwas belastet.
Erstarren; plötzliches Einstellen von Bewegung	Jemand, der erstarrt, hat sich eventuell gerade erschreckt und ist verunsichert. Wir verfallen in eine Art Schockstarre, die uns evolutionär angeboren ist, wenn wir eine Bedrohung wahrnehmen.
Plötzliche Häufung der Bewegung	Nach einer unangenehmen Frage häuft sich manchmal die Bewegung von jemandem, der sich unwohl fühlt.

RESPEKT ODER TERRITORIALVERHALTEN / DOMINANZ	
Sich verbeugen	in vielen asiatischen Ländern verbeugen sich Personen zu Begrüßung, anstatt sich die Hände zu schütteln. Ich habe während eines Besuchs in Thailand sogar schon einmal eine Ablehnung gegen das Händeschütteln erfahren. Sich zu verbeugen, zeugt dagegen von Respekt.
Sich aufplustern	Wenn jemand die Brust rausstreckt und sich so größer macht, möchte er seine Dominanz zur Schau stellen und sagt nonverbal: „Ich bin hier der Chef!"
Hände hinter dem Kopf und auf Stuhl zurücklehnen	Wenn sich jemand auf seinem Stuhl entspannt zurücklehnt und dabei beide Hände hinter dem Kopf verschränkt, zeugt das von Selbstbewusst, Wohlbefinden und Dominanz.
Hände in die Seiten	Die sogenannte Superman Pose. Wenn Frauen in Führungspositionen so dastehen, wirken sie auf ihre männlichen Mitarbeiter autoritärer. Wenn die Daumen allerdings dabei nach vorne gerichtet sind, zeugt das eher von Neugierde als Autorität.
Arm auf Stuhllehne abgelegt	Männer legen oft den Arm um die Stuhllehne einer Frau. Aber auch, wenn niemand auf dem Stuhl sitzt, zeugt das Ablegen des Arms auf der benachbarten Armlehne von Territorialverhalten. Die Person versucht, ein größeres Revier in Anspruch zu nehmen.

Mit verschränkten Armen nach vorne auf den Tisch beugen	Wer die Arme verschränkt und sich dabei mit dem Oberkörper vorlehnt, ist bereit für eine Konfrontation.
Auf gespreizten Fingern abstützen	Sich mit beiden Händen auf seinen gespreizten Fingern abzustützen, ist ebenfalls eine Geste der Dominanz.
Arme hinter dem Rücken	Diese Geste macht den anderen unantastbar und unnahbar. Er gibt damit zu verstehen, dass er einen höheren Status hat.
Hände zeigen	Wenn Personen in Gesprächen ihre Hände herzeigen und auf den Tisch legen, wirkt das Gesagte ehrlicher.
Fester Handschlag	Ein fester Handschlag, der in eine oder die andere Richtung gelenkt wird, zeugt von Dominanz. Noch auffälliger wird das Dominanzverhalten, wenn die Person die eigene Hand oben hat.
Kleidung ausziehen	Vor einer körperlichen Auseinandersetzung ziehen Personen manchmal Kleidungsstücke aus. Wenn Sie in einem Gespräch jemandem dabei beobachten, wie er seinen Hut abnimmt oder andere Kleidungsstücke auszieht (und Sie ausschließen können, dass ihm einfach nur heiß ist) steht eventuell eine konfrontative Auseinandersetzung bevor.

Hüftbreiter Stand	Je mehr Platz eine Person einnehmen zu versucht, desto mehr dominanter möchte sie wirken. Wenn jemand in einem Gespräch seinen Stand immer mehr weitet, zeigt das, dass er mit dem Verlauf des Gesprächs nicht zufrieden ist und uns bereit machen, ihn zu ändern.

Das äußere Erscheinungsbild

Sie haben doch bestimmt schon einmal das Sprichwort gehört, dass man ein Buch nicht nach seinem Umschlag beurteilen soll. Leider tun wir aber genau das tagtäglich. Wir schätzen Personen aufgrund ihrer Kleidung, ihres Körperschmucks oder anhand von Tätowierungen ein. In einer Untersuchung an der Universität Göttingen konnte festgestellt werden, dass wir die Tätowierungen auf dem Körper von Personen länger ansehen als ihren Schmuck oder ihre Narben. Die Testpersonen wurden auch zu ihrer Einstellung gegenüber diesen Tätowierungen befragt. Die meisten fanden Menschen mit vielen Tattoos eher unattraktiv und sagten, dass sie auf sie aggressiv wirkten. Männer wirkten durch ihre Tattoos maskuliner, Frauen hingegen wurden von ihren Geschlechtsgenossinnen als weniger attraktiv und ungesünder eingeschätzt.

Was wir an unserem Körper tragen, beeinflusst also, wie andere uns wahrnehmen. Mit Schmuck kann man seinen Reichtum ausdrücken. Teure Uhren und goldene Ketten gelten in vielen sozialen Kreisen und Kulturen als Statussymbole. Wer sich also schmückt, zeigt, dass er Geld hat und Respekt verdient.

Auch anhand von Kleidung beurteilen wir unsere Artgenossen. Nicht umsonst heißt es: Kleider machen Leute. Kleidung ist ebenso ein Ausdruck von Persönlichkeit und Individualität, wie es Tattoos oder Piercings sind. Menschen, die sich gerne bunt kleiden, wirken zum Beispiel auf andere aufgeschlossener und lebensfroher als Personen, die dunkle Farben bevorzugen.

Beim Erscheinungsbild sind nicht nur die materiellen Gegenstände wichtig, mit denen wir unseren Körper verzieren können, auch die Körperpflege sagt einiges über einen Menschen aus. Personen, die unter Depressionen leiden, vernachlässigen häufig ihre persönliche Hygiene. Wenn Sie auf andere einen guten Eindruck machen wollen, sollten Sie niemals auf Ihre Hände vergessen. Saubere Fingernägel symbolisieren mehr Souveränität als abgekaute Fingernägel, die eher für Nervosität stehen. Wenn Männer lange Fingernägel haben, wirkt das sehr weiblich und kommt bei vielen Frauen negativ an.

In einer perfekten Welt würden wir niemanden aufgrund seines Aussehens beurteilen oder sogar verurteilen. In der Realität hat es sich allerdings als sehr reliable Informationsquelle erwiesen, zu analysieren, wie sich eine Person in der Öffentlichkeit präsentiert.

Wir haben nun viele Bewegungen kennengelernt, die uns einen Einblick in die verborgenen Intentionen und Gefühle unserer Mitmenschen geben können. Lassen Sie uns jetzt die Gesichtszüge und Bewegungen ansehen, die wir Menschen tagtäglich ausführen.

Mimik

Wenn Sie in ein neues Land reisen, dessen Sprache Sie nicht verstehen, müssen Sie die Gesichtsbewegungen der Landsleute als Hinweis heranziehen. Sie können Ihnen verraten, was sie denken. Das Gesicht eines Menschen zeigt Emotionen, egal ob es ein Lächeln, ärgerlich zusammengezogene Augenbrauen oder weit aufgerissene Augen sind. Sie können ebenfalls erkennen, ob jemand müde oder gelangweilt ist.

Diese Art der Kommunikation ist universell gültig und in den meisten Kulturen gleich. Es gibt aber auch Ausnahmen. Beispielsweise wird ein Nasenrümpfen von einem Volk in Papa-Neuguinea als Ausdruck von Erstaunen verstanden, anstatt als Zeichen von Ekel aufgefasst.

Die Mimik ist außerdem leichter vorzutäuschen als Gestik. Wir lernen schon als Kleinkinder, nicht so ein Gesicht zu machen, wenn uns etwas nicht gefällt. Ein aufgesetztes Lächeln ist nicht schwer zu simulieren. Wir können anhand der Mimik aber trotzdem einiges über die Gefühlslage einer Person in Erfahrung bringen. Dazu müssen wir sie vor allem im Kontext der Situation und in Verbindung mit anderen Bewegungen des Körpers betrachten.

Die nachfolgende Tabelle beschreibt einige Gesichtsausdrücke und ihre Bedeutungen. Die Bewegungen des Gesichts sind dabei grob in die Kategorien positive und negative Emotionen eingeteilt. Achten Sie bei der Analyse von Gesichtsausdrücken aber vor allem auf Abweichungen und Unstimmigkeiten. Veränderungen im Verhalten sind immer ein gutes Anzeichen für Emotionen. Auch Unstimmigkeiten in der Mimik und der Gestik sind wichtige Indikatoren dafür, ob jemand die Wahrheit sagt.

NEGATIVE EMOTIONEN	
Zusammengekniffene Augen, Stirnrunzeln	Wenn Sie jemanden mit zusammengekniffenen Augen ansieht und dabei die Stirn runzelt, können Sie sicher sein, dass er nachdenklich oder gestresst ist. Zusammengekniffene Augen sind ein Zeichen negativer Gefühle oder Gedanken.
Abgewandter Blick	Personen, die es vermeiden, jemanden anzusehen, sei dies durch das Bedecken des Gesichtes, durch Augenreiben oder ähnliches oder durch das Abwenden des Blickes, haben mit negativen Gefühlen zu kämpfen.

Zugekniffene Augen, kleine Pupillen	Wenn wir Nachrichten bekommen, die uns nicht sehr erfreuen, dann kneifen wir die Augen zusammen und die Pupillen verengen sich wieder.
Lippen zusammenpressen	Wenn jemand die Lippen zusammenpresst, dann ist er wahrscheinlich gestresst und hat ein Problem.
Tief herabgezogene Augenbrauen	Menschen, die ihre Augenbrauen sehr tief herabsenken, sind eventuell beleidigt, verärgert oder gekränkt. Es ist auch möglich, dass sie aggressiv sind und auf Streit aus.
Augenrollen, jemanden aus dem Augenwinkel ansehen	Wir alle kennen das charakteristische Augenrollen von genervten Teenagern. Wenn wir jemanden so ansehen, bedeutet das, dass wir ihm nicht glauben oder ihm nicht vertrauen.
Falsches Lächeln	Ein vorgetäuschtes Lächeln ist nicht einfach zu erkennen, aber mit ein bisschen Übung ist es möglich, ein echtes von einem gefälschten Lächeln zu unterscheiden. Bei einem falschen Lächeln ziehen sich die Mundwinkel eher auseinander, aber nicht nach oben, wie bei einem echten Lächeln.
Schmollmund	Wenn wir unsere Lippen schürzen, während wir jemandem zuhören, stimmen wir dem gesagten mit großer Wahrscheinlichkeit nicht zu.

Gequältes Grinsen	Diese Art des Lächelns ist eine äußerst abfällige Geste. Wir ziehen dabei die Wangenmuskeln und die Mundwinkel weit nach oben. Wir zeigen damit, dass wir den anderen überhaupt nicht leiden können.
Herausgestreckte Zunge	Die herausgestreckte Zunge eines Menschen beim Essen zeigt Abscheu vor der Mahlzeit. Wenn sie nur kurz hervorblitzt, zeigt das unter anderem Schadenfreude. Menschen, die mit etwas Verwerflichem davongekommen sind oder denken, dass sie erwischt worden sind, lassen ihre Zunge zwischen den Zähnen heraus blitzen, ohne die Lippen zu berühren.
Lippenlecken	Mit der Zunge über die Lippen zu streichen, wirkt beruhigend. Es befeuchtet die vom Stress ausgetrockneten Lippen und den Mund.
Mit den Nasenflügeln wackeln	Dies ist eine Geste, mit der sich jemand auf physische Aktivität vorbereitet. Sportler atmen so tiefer ein, aber auch Personen, die sich streiten möchten, flattern mit den Nasenflügeln.
Rot werden	Wir erröten, wenn wir verliebt sind, aber auch wenn wir uns schämen.
Blass werden	Wenn wir uns sehr vor etwas schrecken, weicht das Blut aus unserem Gesicht und wir erblassen.

POSITIVE EMOTIONEN	
Entspannte Gesichtsmuskeln (Kopf zur Seite)	Wie oben schon erwähnt ist das Entblößen des Halses eine Geste, die wir nur in Gegenwart von Menschen machen, denen wir wirklich vertrauen. Wer also sein Gesicht entspannt und seinen Kopf leicht zur Seite neigt, fühlt sich wohl.
Aufgerissene Augen, geweitete Pupillen	Bei Überraschungen weiten sich unsere Pupillen und die Augen werden weit aufgerissen, um möglichst viel Licht in das Auge hereinzulassen und eine mögliche Bedrohung gut zu erkennen.
Intensiver Blickkontakt	Wenn wir jemanden sehr intensiv ansehen, kann das die unterschiedlichsten Gründe haben. Immer, werden aber starke Gefühle kommuniziert. Ob diese negativ oder positiv sind, ist aus dem langanhaltenden Blickkontakt nicht herauszulesen.

Diese Tabelle gibt nur einen kleinen Überblick über die vielen Gesichtsbewegungen, die wir Menschen tagtäglich machen. Gesichtsausdrücke können aber sehr unterschiedlich sein und sind häufig so flüchtig, dass man sie kaum bemerkt.

Wenn Sie sich nicht sicher sind, was ein Gesichtsausdruck bedeutet, versuchen Sie ihn nachzuahmen und hören Sie dabei auf Ihre innere Stimme. Kommen bei Ihnen eher positive oder negative Gefühle hoch? Dieser Trick kann Ihnen helfen, eine bestimmte Mimik besser einzuschätzen.

Sie haben nun eine Reihe verschiedener Gesichtsausdrücke kennengelernt. In der nächsten Interaktion mit einem anderen Menschen können Sie ausprobieren, ob Sie an seiner Mimik erkennen können, ob er sich wohlfühlt und Ihnen zugetan ist, oder eher nicht. Nutzen Sie die Vorteile dieser nonverbalen Kommunikation, um herauszufinden, ob jemand gestresst ist und dieser Stress möglicherweise ein Zeichen für Unehrlichkeit ist.

Emotionale Intelligenz

Wir alle kennen den Begriff der Intelligenz. Vermutlich sind Sie auch mit dem Begriff des Intelligenz-Quotienten vertraut. Intelligent zu sein und zu wirken, ist natürlich erstrebenswert. Es gibt unzählige Methoden, durch die man schon seine Kinder zu intelligenten Erwachsenen heranziehen kann. Frühförderung, Kurse, Mathematik für Kleinkinder, Leseprogramme für Vorschüler und so weiter. Das sind natürlich wichtige Dinge, die jedem von uns helfen können, ein erfolgreiches Leben zu führen. Auch Erwachsene bilden sich mittels Matrizen oder Rätseln wie Sudoku ihr Leben lang weiter. Genauso wichtig wie die mentale Fortbildung ist auch die körperliche Bewegung. Studien haben gezeigt, dass Menschen, die sich regelmäßig bewegen, im Alter auch geistig wesentlich fitter sind als Personen, die nur auf eine geistige Weiterbildung setzen. Ein wichtiger Faktor in der zwischenmenschlichen Beziehung wird allerdings häufig vernachlässigt – die emotionale Intelligenz. Sie ist mindestens genauso wichtig wie herkömmliche Intelligenz. Emotional intelligente Menschen können die Gefühle anderer erkennen, sie können ihre eigenen Gefühle richtig einschätzen und sich die Gefühlslage anderer hineinversetzen.

Es gibt mehrere Komponenten der emotionalen Intelligenz. Wichtig zu wissen ist, dass diese Eigenschaften selten intuitiv in uns vorhanden sind, sie müssen erst erlernt werden.

Jeder Mensch kann also seine emotionalen Fähigkeiten stärken und verbessern. Mit ein paar Übungen, die sich leicht in den Alltag einbauen lassen, kann man große Veränderungen in diesem Bereich erzielen. Wenn Sie viel mit Menschen zu tun haben, ist vor allem die Beziehungsebene im Vordergrund. Egal ob Sie im Sales-Bereich tätig sind oder sozial oder medizinisch arbeiten oder ob Sie einfach privat einen besseren Umgang mit Ihren Mitmenschen erlernen wollen. Zuerst, sollten Sie sich darum bemühen eine Beziehung herzustellen. Aber wie gelingt das? Man wird ja nicht einfach von jedem gemocht und selbst der empathischste Mensch eckt manchmal irgendwo an. Deshalb sollten Sie sich an einige Grundregeln halten, mit denen ich selbst schon sehr gute Erfahrungen gesammelt habe und die auch in einigen populären Büchern immer wieder als die Go-To Mittel des Beziehungsaufbaus dargestellt werden:

Lassen Sie andere etwas für Sie tun

Sie hören richtig! Es geht nicht darum, etwas für den anderen zu tun (obwohl das natürlich auch eine gute Strategie ist), sondern sich einen Gefallen tun zu lassen. Bitten Sie zum Beispiel Ihr Gegenüber darum, Ihnen etwas zu holen oder Ihnen etwas zu leihen. Das Prinzip funktioniert mittels kognitiver Dissonanz. Das bedeutet, wir wollen immer stimmig sein in unserem Verhalten und unserer Einstellung. Wenn wir etwas für jemanden tun, dann müssen wir diese Person auch mögen, ansonsten würden wir es ja nicht machen. Wir tricksen uns also selbst aus und reden uns nach der Tat ein, dass wir die Person sympathisch finden.

Seien Sie respektvoll

Das ist das A und O der Beziehungsarbeit. Behandeln Sie jeden Menschen, egal wie verschieden seine Einstellung im Vergleich zu Ihrer auch sein mag, mit dem angebrachten Respekt und der nötigen Würde. Es ist hier wichtig, sich selbst zu akzeptieren. Nehmen Sie das, was Sie denken, Ihre Meinung, als O.K. an. Sie sind in Ordnung so wie Sie sind und auch auf Ihr Gegenüber trifft das zu. So fällt es Ihnen leichter, auch Meinungen, die stark von Ihren eigenen abweichen, problemlos anzunehmen. Sie müssen natürlich dem Gesagten nicht zustimmen, aber auch eine konträre Einstellung hat ihre Existenzberechtigung.

Sammeln Sie Informationen

Halten Sie in den ersten Anfangskontakten Augen und Ohren offen und seien Sie empfänglich dafür, was der andere brauchen könnte. Wenn Sie gut aufpassen, können Sie hier schon punkten, indem Sie wertvolle Hilfestellung leisten oder einfach Zuhörer sind und dem anderen das Gefühl vermitteln, dass er von Ihnen gehört wird. Sie sind für die Person da und das spürt sie auch. Es ist nicht immer einfach herauszufinden, was den Menschen, mit dem Sie sich unterhalten, beschäftigt und wo seine Gedanken gerade sind. Mit etwas Fingerspitzengefühl lernen Sie nach einiger Zeit aber, was wichtig ist und welche Informationen auch überhört werden können. Dann wissen Sie immer, wie Sie richtig handeln!

Teilen Sie persönliche Informationen

Sind Sie ein offenes Buch oder wollen Sie lieber geheimnisvoll bleiben? In zwischenmenschlichen Beziehungen ist es besser, etwas von sich preiszugeben. Lassen Sie den anderen auch an Ihren Problemen und Ihrer Innenwelt teilhaben. Erzählen Sie von Präferenzen oder Abneigungen und von Dingen, die Sie gerade beschäftigen. Halten Sie sich allerdings davor zurück, nur über sich selbst zu sprechen. Das macht schnell unsympathisch. Die Aussagen müssen zur Situation und zum Gespräch passen. Analysieren Sie den Kontext und werfen Sie an der richtigen Stelle Informationen ein, die gut ins Gespräch passen. Wenn Ihr Gesprächspartner zum Beispiel gerade davon erzählt, dass er lieber Wein als Bier trinkt, wäre es unangebracht, ihm von Ihrer im Sterben liegenden Großmutter zu erzählen. Wenn es Ihnen ein Bedürfnis ist, darüber zu sprechen, wird sich im Laufe der Konversation sicher die Möglichkeit dazu ergeben. Im Moment sollten Sie lieber Ihre eigenen Vorlieben darstellen.

Keinen Stress machen

Haben Sie Geduld, manchmal dauert es ein wenig, bis sich Ihnen jemand öffnen kann. Versuchen Sie nichts zu erzwingen. Manche Menschen haben schlimme Erfahrungen gemacht und haben Probleme damit, Fremden zu vertrauen. Das wird sich mit der Zeit legen. Wenn Sie zu sehr darauf pochen, dass sich jemand Ihnen zuwendet, werden Sie bei dieser Person eher das Gegenteil erreichen. Es lohnt sich auf jeden Fall, jemandem die Zeit zu lassen, Sie besser kennenzulernen und Ihnen zu vertrauen.

Seien Sie eine Konstante

Suchen Sie immer wieder den Kontakt zu dieser Person, halten Sie sich an Verabredungen und nehmen gehen Sie auch aktiv auf die Person zu. Somit zeigen Sie Interesse und Ihr Gegenüber fühlt sich gehört und gesehen. Bei manchen Personen wirkt das wahre Wunder, vor allem, wenn sie in der Vergangenheit die Erfahrung gemacht haben, dass sie niemand aktiv aufsucht. Sie holen sich somit gleich einen Vertrauensbonus und können einfacher eine Beziehung zu diesem Menschen aufbauen.

Die Komponenten der emotionalen Intelligenz

Emotionale Intelligenz ist aber natürlich noch viel mehr, als reine Kontaktaufnahme. Die Definition beschreibt sie als:

"Eine multidimensionale Fähigkeit zum Umgang mit Gefühlen, zum Erkennen von Gefühlen, zum Umgang mit Gefühlen, einschließlich ihrer Nutzung und zum angemessenen Ausdruck von Gefühlen."

Daraus ergeben sich auch die einzelnen Komponenten der emotionalen Intelligenz. Wir werden in diesem Kapitel genauer auf die Bereiche eingehen und uns damit beschäftigen, was emotional intelligente Menschen ausmacht. Es gibt viele einzelne Eigenschaften, über die Menschen mit einem hohen Maß an emotionaler Intelligenz verfügen. Grundsätzlich unterteilt man emotionale Intelligenz aber in 4 Teilbereiche:

Selbstwahrnehmung oder Wahrnehmung von Emotionen
Nutzung von Emotionen
Verstehen von Emotionen
Umgang mit Emotionen

Weiters gehören zu den Fähigkeiten, die für die Entwicklung emotionaler Intelligenz wichtig sind noch:

Selbstbewusstsein
Selbstmotivation
Selbstmanagement
Engagement in Gruppen
Empathie oder Einfühlungsvermögen

Bevor wir uns diesen Fähigkeiten und ihrer Verbesserung genauer widmen, möchte ich Ihnen noch erläutern, woran man emotional intelligente Menschen erkennt. Einige dieser Punkte überschneiden sich natürlich mit den Komponenten. Sie sind nicht als nebeneinander stehende Teilbereiche zu sehen, sondern eher als ineinander verbundene Faktoren.

Emotional intelligente Menschen haben ein gutes Bauchgefühl

Sie können sich auf ihre innere Stimme verlassen. Diese Menschen denken nicht nur mit ihrem Verstand, sie haben ein richtiges Gespür und Entscheidung häufig auf Basis ihres Gefühls. Wenn Sie sich immer auf Ihr Bauchgefühl verlassen können und schon öfter froh waren, Ihren Verstand für einen Moment ausgeschalten zu haben, gehören Sie zu den emotional intelligenten Wesen auf unserem Planeten.

Sie sind kritikfähig

Kennen Sie das Gefühl, wenn Ihnen jemand Ihre Fehler aufzeigt? Wenn Ihnen jemand sagt, dass Sie sich nicht richtig verhalten haben, dass Ihre Entscheidung sich negativ ausgewirkt hat? Es ist ein sehr ungutes Gefühl. Vor allem für Perfektionisten, die immer danach streben, alles auf der Stelle gutzumachen, ist es nicht einfach, Kritik anzunehmen. Ich gehöre selbst zu den Personen, denen es nicht leicht fällt, sich negativen Kommentaren auszusetzen. Emotional intelligente Menschen können diese Kritik allerdings annehmen, sie können damit umgehen und sich wertvolle Tipps herauspicken. So wachsen Sie in ihrer Persönlichkeit und gehen gestärkt aus einem Fehltritt hervor, anstatt sich davon den Boden unter den Füßen wegziehen zu lassen.

Natürlich gibt es einen Unterschied zwischen konstruktiver Kritik und bösartigen Kommentaren. Sie müssen aufpassen, dass Sie sich nicht alles zu Herzen nehmen, was Ihnen jemand an den Kopf wirft. Dieser Balanceakt ist wirklich schwierig und nur mit einem guten Selbstwert möglich.

Sie wissen, was sie wert sind

Emotional intelligente Menschen wissen, dass sie wertvolle Mitglieder der Gesellschaft sind. Sie haben ein großes Maß an Selbstbewusstsein, ohne dabei arrogant oder überheblich zu wirken. Dadurch sind sie in ihren Handlungen gestärkt, hinterfragen ihre Entscheidungen nicht und können Kritik annehmen oder auch verwerfen, weil sie einfach nicht stimmt beziehungsweise nicht als Hilfestellung dient, sondern als Selbstwertzerstörer. Mit der Fähigkeit der Selbstliebe kämpfen wahnsinnig viele von uns. Die traditionelle Kindererziehung ist auch nicht sonderlich förderlich für die persönliche Entfaltung und das Selbstbewusstsein. Ich habe daher in diesem Buch auch ein großes Kapitel diesem Thema gewidmet.

Sie können mit ihren Emotionen umgehen

Diese Fähigkeit ist sehr wichtig im Leben. Emotional intelligente Menschen sind nicht impulsiv, sie haben ihre Gefühle unter Kontrolle und handeln nicht auf Basis einer Emotion. Ein aufbrausendes Temperament ist hier fehl am Platz. Reflektiert und überlegt zu handeln, das können Menschen mit emotionaler Intelligenz.

Nicht nur der Umgang mit den eigenen Gefühlen ist wichtig, auch das Erkennen und richtige Benennen dieser. Wie fühlt sich Wut an? Was ist Trauer? Der Unterschied ist manchmal nicht so deutlich spürbar. Emotional intelligente Menschen wissen, um welche Emotion es sich handelt. Bei sich selbst und bei anderen.

Nein sagen

Eine sehr wichtige Fähigkeit, die wir alle ein bisschen mehr brauchen! Der Kernpunkt ist, die eigenen Grenzen zu kennen und auch durchzusetzen. Das kann bei den eigenen Kindern sein, bei anderen Familienmitgliedern, beim Partner, bei Freunden oder am Arbeitsplatz. " Nein, das übersteigt meinen Kompetenzbereich", "Nein, ich jetzt kein Legoschloß bauen, wir müssen das später machen", solche Sätze werden viel zu selten von uns ausgesprochen. Es fällt uns schwer, jemanden abzulehnen. Die Angst davor, nicht gemocht zu werden, ist viel zu groß. Ich kann Ihnen nur raten, Mut zu haben. Sagen Sie Nein, hören Sie auf Ihr Bauchgefühl. Wenn sich etwas nicht richtig anfühlt, dann sprechen Sie das an und nehmen Sie nicht jede Aufgabe auf sich.

Ein sehr großes Problem haben Menschen, vor allem Mütter, oft, wenn es um die eigenen Kinder geht. Erwachsene Kinder nehmen sich manchmal heraus, alles mit ihren Eltern machen zu können. Das Elternhaus ist ihnen immer zugänglich, auch wenn sie dort schon lange nicht mehr wohnen. Sagen Sie als Eltern bewusst Nein und holen Sie Ihr Kind aus der Abhängigkeit von Ihnen heraus. Wenn Sie keine Zeit haben, müssen Sie nicht immer alles verschieben, um es Ihrem Kind recht zu machen. Natürlich hält Familie in Krisensituationen zusammen und ich bin sicher, Sie würden alles für Ihr Kind tun, wenn es in Not ist. Aber nur aus Jux und Tollerei müssen Sie keine Berge versetzen. Sie sind immerhin auch nur ein Mensch mit eigenen Bedürfnissen und Ihr Leben sollte selbstbestimmt und gelebt werden können.

Negative Gefühle und Gedanken annehmen

Das Leben besteht nicht nur aus freudigen Ereignissen. Wir sind häufig mit Verlusten, Fehlschlägen und Schicksalen konfrontiert, die alles andere als fröhlich sind. Es gibt Höhen und Tiefen. Emotional intelligente Menschen nehmen das Leben so wie es kommt. Sie wissen, dass es nicht nur gute Zeiten gibt, sie können auch die schlechten ertragen. Das Wissen, dass kein Zustand für immer ist, ist wichtiger Grundbestandteil dieser Fähigkeit. Nichts auf dieser Erde hält bis in alle Ewigkeit. Wenn Sie gerade einen schlechten Tag haben, halten Sie sich vor Augen, dass auch dieser vorübergeht. Im Moment erscheint alles dramatischer als es tatsächlich ist. Mit etwas Abstand und Zeit wird auch die schlimmste Trennung überwunden sein und der schrecklichste Tag kann eventuell sogar belächelt werden.

Der Verlust eines geliebten Menschen ist ein sehr schwer zu verkraftendes Ereignis. Die Trauer muss aktiv gelebt werden, jede Reaktion ist in Ordnung, es gibt hier kein Richtig und kein Falsch. Wichtig ist, dass Sie gut durch so einen Schicksalsschlag begleitet werden, dass Sie Menschen haben, denen Sie sich zuwenden können, mit denen Sie reden können. Hoffentlich werden Sie nach einiger Zeit mit Freudentränen auf Ihren geliebten Menschen zurücksehen können und sich an all die schönen gemeinsamen Zeiten erinnern.

Fazit ist – negative Emotionen existieren und haben ihre Existenzberechtigung. Sie gehören zum Leben dazu und wir müssen lernen, damit umzugehen.

Sie können andere verstehen

Hier kommt die basale Fähigkeit der Empathie wieder zum Einsatz. So emotional intelligente Personen nicht nur ihre eigenen Gefühle richtig einschätzen, sondern auch die der anderen. Sich in andere hineinfühlen und ein paar Schritte in ihren Schuhen gehen, macht einen auch entspannter. Stellen Sie sich vor, Sie stehen an der Supermarktkasse und jemand drängt sich einfach vor.

Ohne etwas zu sagen und ohne sich zu entschuldigen oder gar zu fragen, ob sich vorne anstellen darf. Innerlich spüren Sie, wie Sie sich über dieses Verhalten ärgern. Auf der empathischen Ebenen können emotional intelligente Menschen das Verhalten jedoch relativieren. Überlegen Sie sich, welche Umstände diese Person dazu gebracht haben, sich so zu verhalten. Tun Sie den Menschen nicht von vorneherein als ungute Person ab, sondern suchen Sie eher äußere Begebenheiten, die dazugeführt haben können, dass die Situation so eingetreten ist.

Wenn Sie sehr mutig sind, könnten Sie den Menschen auch darauf ansprechen. Sie könnten sagen: „Haben Sie heute einen stressigen Tag? Sie können sich gerne vor mit anstellen, wenn Ihnen das hilft." So kommen Sie dem anderen empathisch entgegen und sprechen gleichzeitig das Fehlverhalten auf nette Art und Weise an.

Entschuldigen und Vergeben

Emotional intelligente Menschen gestehen sich Fehler ein. Sie wissen, wenn sie etwas falsch gemacht haben und können sich entschuldigen. Sich bewusst zu werden, dass Sie nicht immer alles richtig machen können, ist etwas, was man erst lernen muss. Wichtig ist, nach dem Fehler richtig zu reagieren und zu sagen, dass man sich in Zukunft bessern wird. Scheuen Sie nicht davor zurück, aktiv und aufrichtig eine Entschuldigung auszusprechen.

Gleichermaßen, können emotional intelligente Personen auch Menschen die Ihnen Unrecht getan haben verzeihen. Was bringt es, sich jahrelang in den Haaren zu liegen und zu streiten? Das macht niemanden glücklich. Sie müssen mit jemandem, der sich Ihnen gegenüber falsch verhalten hat, nicht befreundet sein. Sie müssen diese Person nicht mögen. Sie sollten ihr allerdings vergeben. Für ihr eigenes Seelenwohl. Ihre innere Gefühlswelt sollte nicht auf Wut eingestellt sein. Das einzige, was daraus resultiert, ist, dass es Ihnen selbst schlecht geht. Das Hegen eines Grolls wird niemanden weiterbringen und niemanden zu einem glücklicheren oder besseren Menschen machen.

Emotionale Intelligenz verbessern

Lassen Sie uns nun anfangen, die emotionale Intelligenz in ihre Einzelheiten zu zerlegen, um sie besser verstehen zu können. Danach lernen Sie auch Ihre Fähigkeiten verbessern und sich Ihre Emotionen besser zunutze zu machen. Scheuen Sie nicht davor zurück, Zeit zu investieren. Es ist nicht möglich, von heute auf morgen eine Veränderung zu erreichen. Wie sagt man so schön – gut Ding braucht Weile! Beginnen wir mit der Selbstwahrnehmung.

Selbstwahrnehmung oder Wahrnehmung von Emotionen

Wie gut können Sie Ihren eigenen Körper einschätzen? Sind Ihre Sinne auch manchmal nach innen gerichtet? Haben Sie genug Zeit, sich mit sich selbst zu beschäftigen und mal ganz für sich zu sein?

Diese drei Eigenschaften sind wichtig, um Ihre Wahrnehmung zu schärfen.

In der Psychologie unterscheidet man bei den Sinnen zwischen vielen verschiedenen Modalitäten. Es gibt Sinne, die wir in unserem Körper wahrnehmen, die auch in unserem Körper entstehen. Es gibt aber auch Sinne, die von einem äußeren Reiz verursacht werden und dann in unserem Körper wahrnehmbar sind.

Die klassischen fünf Sinne können weiters noch in Fernsinne, für die der Körper nicht unbedingt berührt werden muss, es ist also kein direkter Kontakt nötig, und Nahsinne unterschieden, bei denen eine direkte Einflussnahme auf die Person stattfindet.

Fernsinne
Geruchssinn (olfaktorische Wahrnehmung)
Gehörsinn (auditive Wahrnehmung)
Sehsinn (visuelle Wahrnehmung)

Nahsinne
Tastsinn (taktile Wahrnehmung)

Geschmackssinn (gustatorische Wahrnehmung)

Weiters gibt es noch Sinne, die nicht unbedingt zu den klassischen Wahrnehmungen gehören, die aber genauso wichtig sind:
Schmerzsinn oder Nozizeption
Gleichgewichtssinn oder vestibulärer Sinn
Temperatursinn Thermorezeption
Körperempfindung und Tiefensensibilität

> Zu den Körperempfindungen gehören auch der Lage- und Bewegungssinn, oder die Propriozeption, der uns zeigt, wo wir uns gerade befinden. Stehen wir aufrecht oder liegen wir, befinden wir uns auf einer geraden Ebene oder auf einer schiefen.
>
> Weiters gehören dazu noch der Organsinn, der beschleunigten Puls wahrnimmt oder eine schnellere Atmung. Und auch Viszero- und Enterozeption durch die wir Hunger, Durst oder auch Harndrang wahrnehmen.

Unbewusste Sinne wie Blutdruck, Blutzucker und Sauerstoffsättigung gehören ebenfalls zur Wahrnehmung. Wir spüren diese aber nicht direkt, sondern bemerken dann eher die Auswirkungen, indem wir uns schlechter fühlen oder eventuell matt und müde werden.

Unsere Wahrnehmung ist nicht immer so, wie sie scheint. Das zeigen uns optische Illusionen. Wir interpretieren viel in das, was wir sehen hinein. Unser Gehirn versucht ständig Sinn aus dem zu machen, was wir wahrnehmen. Sehen Sie sich das Beispiel, auf dem unteren Bild genauer an. Sie nehmen Linien wahr, die schräg verlaufen, weil die Kästchen nicht genau übereinander sind. In Wahrheit sind allerdings alle Linien genau parallel.

Von Fibonacci – Eigenes Werk, CC BY-SA 3.0, https://commons.wikimedia.org/w/index.php?curid=1788689

Um also Ihre Emotionen genauer wahrnehmen zu können, müssen Sie zuallererst wissen, welche Emotionen es gibt und was Ihre Gefühle beeinflusst.

Es gibt eine Unmenge an verschiedenen Gefühlsausprägungen. Wir beschränken uns hier auf Emotionen, durch die wir uns gut fühlen und die ausdrücken, dass wir uns schlecht fühlen. Sehen Sie in der folgenden Tabelle nach und finden Sie die Emotion, die Sie gerade verspüren:

amüsiert	motiviert	munter	froh
gelöst	unbeschwert	unbesorgt	besänftigt
geschützt	unternehmung-slustig	beschwingt	gespannt
verblüfft	verträumt	wohl	entlastet
besessen	gestärkt	hoffnungsvoll	inspiriert
vergnügt	dankbar	enthusiastisch	zufrieden

bewegt	glücklich	weit	entschlossen
getröstet	elektrisiert	hingerissen	entspannt
verliebt	gut gelaunt	energievoll	zuhause
bezaubert	wach	weich	sorglos
gesund	energetisiert	heiter	begierig
entzückt	aufgewühlt	ausgeglichen	gebannt
interessiert	ermutigt	erquickt	stabil
angeregt	lebenshungrig	nah	beglückt
klar	aufgebaut	ausgelassen	geborgen
erfreut	erhaben	erregt	stark
erfrischt	leicht	offen	belebt
angetan	aufgedreht	ausgeruht	geehrt
erfüllt	aufgekratzt	erstaunt	still
arglos	erholt	optimistisch	belustigt
selig	locker	euphorisch	gefasst
satt	aufgeregt	ruhig	berauscht
schwungvoll	erlöst	Außer sich	gefesselt
verblüfft	fasziniert	Aus dem Häuschen	bereit
still	sanft	euphorisch	bereichert
stolz	beeindruckt	befreit	gefordert
überrascht	fidel	befriedigt	gelassen
übermütig	beflügelt	fröhlich	unbekümmert
lebendig	frei	sicher	
ergriffen	schwungvoll	begeistert	

abgeschlagen	angefressen	unentschlossen	belastet
erregt	gebrochen	aufgerieben	kleinmütig
sauer	träge	geschafft	verlegen
abgeschnitten	angespannt	unerfüllt	benommen

erschlagen	gehemmt	aufgewühlt	kraftlos
schlaff	traurig	geschlaucht	verletzlich
abgespannt	angewidert	ungeduldig	besorgt
erschöpft	gehetzt	ausgebrannt	krank
schockiert	überfordert	gestresst	verloren
abgetrennt	antriebslos	ungehalten	betäubt
erschrocken	geknickt	ausgehungert	lahm
schuldig	überlastet	getrieben	verschlossen
abwesend	apathisch	unglücklich	betroffen
erschüttert	gelähmt	ausgelaugt	lebensmüde
schutzlos	unbehaglich	gleichgültig	verspannt
angestrengt	argwöhnisch	unsicher	betrübt
fassunglos	geladen	ausgezehrt	leer
schwach	unbequem	hilflos	versteinert
ärgerlich	aufgedreht	unter Druck	beunruhigt
feindselig	gelangweilt	bedrückt	lethargisch
schwer	unbeteiligt	hoffnungslos	verstimmt
alarmiert	aufgeregt	unwohl	bitter
fertig	genervt	befangen	lustlos
schwermütig	unbewegt	irritiert	verstört
allein	aufgebracht	unzufrieden	blockiert
fremd	gereizt	befremdet	matt
schwindelig	verdattert	jämmerlich	verunsichert
Am Ende	beklommen	bekümmert	deprimiert
frustriert	kalt	kaputt	melancholisch
starr	verdrießlich	verkrampft	verwirrt
depressiv	miserabel	verzagt	durcheinander
missmutig	verzweifelt	eifersüchtig	mitgenommen
wehmütig	einsam	müde	wund
elend	energielos	neidisch	zerschlagen
empört	mutlos	zerrissen	entmutigt

mulmig	zermürbt	entkräftet	niedergeschla-gen
zappelig	eng	nervös	Am Boden zer-stört
entsetzt	erledigt	rastlos	zwiespältig
ohnmächtig	ernüchtert	resigniert	zögerlich
enttäuscht	ratlos	zornig	

Ich habe hier mit Absicht diese große Anzahl an Emotionen aufgelistet, um Ihnen vor Augen zu führen, wie breit gefächert unsere emotionale Wahrnehmung eigentlich ist und wie wenig wir davon kennen. Sie können schon Ihren Kindern beibringen, ihre Gefühle richtig zu benennen. Dazu müssen Sie ihnen jedes Mal, wenn Sie traurig, wütend, entspannt oder gestresst sind, die richtige Emotion nennen. Fragen Sie beispielsweise: „Fühlst du dich gerade wütend? Bist du traurig, weil du nicht naschen darfst?" Dadurch lernt ihr Kind das Gefühl mit dem Wort zu assoziieren.

Weiters möchte ich Ihnen einige Emotionstheorien vorstellen, die sich in der Psychologie etabliert haben.

■ Emotionstheorien

Basisemotionen

In der Emotionspsychologie gibt es verschiedene Theorien zu den Emotionen. Unter anderem, spricht man Basisemotionen. Hiervon gibt es acht:

- ❐ Furcht oder Panik
- ❐ Zorn oder Wut
- ❐ Freude oder Ekstase
- ❐ Traurigkeit oder Kummer
- ❐ Akzeptanz oder Vertrauen
- ❐ Ekel oder Abscheu
- ❐ Überraschung oder Erstaunen
- ❐ Neugierde oder Erwartung

Alle anderen oben beschriebenen Emotionen sind nur weitere Ausprägungen dieser Basisemotionen. In jeder Kultur gibt es allerdings verschieden viele Basisemotionen und auch in unserer westlichen Welt sind sich die Forscher nicht einig, ob es nun 10 oder 8 oder 7 Basisemotionen gibt. Weitere mögliche Basisemotionen sind beispielsweise Verachtung, Liebe, Hass, Interesse, Widerwillen, Leid, Schamgefühl, Schuldgefühl, Enttäuschung, Mitleid, Sympathie. Neid, Stolz und Verliebtheit.

Es gibt weiters noch Emotionsdimensionen wie zum Beispiel

- ❒ Spannung und Lösung
- ❒ Lust und Unlust
- ❒ Erregung und Beruhigung
- ❒ Arousal: ruhig oder erregt
- ❒ Valenz: positiv/angenehm oder negativ/unangenehm

In Studien mit Selbstberichten haben sich allerdings diese Dimensionen herauskristallisiert:

- ❒ Intensität von Angenehmheit: keine – hoch
- ❒ Intensität von Unangenehmheit: keine – hoch

■ Entstehung von Emotion

Nicht fehlen darf bei den Emotionstheorien auch die Entstehung der Emotion. In der Psychologie gibt es einige Konzepte, die zur Standardausbildung gehören und mit der sich jeder angehende Psychologe beschäftigt.

Eine davon ist die Zwei-Faktoren-Theorie der Emotion. Diese Theorie wurde von Singer und Schachter vorgestellt und besagt, dass zwei Faktoren eintreten müssen, damit wir eine Emotion verspüren:

-Erregung des sympathetischen Nervensystems
Wir verspürencologie auch Arousal genannt wird. Arousal ist ein Anstieg in der Reaktivität, der uns auf eine Handlung vorbereitet. Wir spüren also, dass unsere Hände schwitzen oder dass wir ein

seltsames Gefühl im Bauch bekommen oder, dass unser Herzschlag schneller wird.

-Kognitive Interpretation der Erregung
Dann interpretieren wir diese Erregung als eine Emotion. Wir bemerken, dass die schwitzigen Hände entstanden sind, weil wir nervös sind oder weil wir uns vor einer Situation fürchten. Ohne diese Interpretation ist das Gefühl nur eine physiologische Reaktion.

Wichtig ist auch die Bewertung des Geschehnisses, die in der Psychologie Appraisal genannt wird. Schachter und Singer unterscheiden zwischen dem primären Appraisal und dem sekundären Appraisal.

Primäre Bewertung unterscheidet zwischen gefährlicher und harmloser Situation. Ich ziehe hierfür gerne das Beispiel des Bären im Käfig heran. Wir sehen einen Bären, der evolutionär sofort mit Flucht verbunden ist. Er stellt für uns eine Gefahr dar. Ein Bär in einem Käfig oder in einem Zoo stellt aber offensichtlich keine Gefahr für uns dar. Wir bewerten die Situation also als ungefährlich. Auch hierbei gibt es eine physiologische Reaktion und eine emotionale Reaktion.

Beim sekundären Appraisal überlegen wir uns, wie wir mit der Gefahr umgehen. Was tue ich, wenn ich einen Bären in der freien Wildbahn treffe? Instinktiv setzt Flucht, Kampf oder Starre ein.

Die Bewertung einer Situation ist keine Konstante, sie kann sich verändern. Wir können das Geschehnis neu bewerten. Nehmen wir an, Sie sehen im Wasser einen Schatten unter Ihnen schwimmen. Er scheint riesengroß und wirkt auf Sie, als würde er um Sie herumschwimmen. Der erste Gedanke ist – das ist ein Hai. Sie reagieren sofort mit einem Anstieg des Puls, schwitzigen Händen und wollen die Flucht ergreifen. Auf den zweiten Blick sehen Sie allerdings, dass es nur eine Alge ist, die durch Ihre Bewegungen bewegt wurde. Es kann also durchaus zu einer Umbewertung der Situation kommen, wenn neue Informationen verfügbar wurden.

Eine interessante Beobachtung bei der Untersuchung von Arousal stellt der Spillover-Effekt dar. Stellen Sie sich ein volles Fußballstadion vor. Sie sitzen im Fan-Bereich und Ihr Team hat gerade ein tolles Tor geschossen. Sie fühlen sich natürlich körperlich erregt und Ihr Körper reagiert auf dieses Event ähnlich, wie bei anderen Emotionen, mit einem Anstieg des Puls, Herzrasen, allgemeiner Aufregung. Im nächsten Moment werden Sie von Ihrem Nachbarn angerempelt. Dieser trägt auch noch das Trikot der gegnerischen Mannschaft und plötzlich wandelt sich ihre ursprünglich freudige Aufregung in Wut um. Sie fangen an, mit Ihrem Sitznachbarn zu streiten und häufig kommt es auch vor, dass das ganze Stadion sich zu Pöbeleien hinreißen lässt.

Die Emotion entstammt also nicht der physiologischen Erregung, sondern wird kognitiv von Ihnen bewertet und je Kontext interpretiert.

Robert Zajonc, ein polnisch-amerikanischer Wissenschaftler, geht sogar davon aus, dass alle Emotionen das Resultat einer Benennung des Arousal sind. Wenn Sie einen Schuss hören, werden Sie instinktiv zusammenzucken. Erst danach werden Sie bemerken, dass es sich um eine Fehlzündung eines Autos handelte und nicht um einen richtigen Schuss.

Unsere Emotionswahrnehmung ist also entweder instinktiv gesteuert – in der Psychologie spricht man von bottom-up Prozessen, oder durch unsere kognitive Wahrnehmung – die top-down Prozesse. Wir reagieren entweder, ohne viel nachzudenken oder wir denken nach und reagieren erst dann auf unsere Gefühle.

In der Theorie gibt es wie immer viele gegensätzliche Ansätze. Zwei sehr bekannte konträre Ansichten sind die James-Lange Theorie und die Cannon-Bard Theorie. James und Lange postulierten, dass physiologische Erregung zu Emotion führt. Das heißt wir nehmen zuerst die Erregung wahr, wie das Schwitzen oder das Lächeln, und reagieren dann mit einer Emotion. Wir empfinden Freude oder auch Angst.

Cannon und Bard hingegen glaubten eher, dass diese zwei Prozesse einander nicht verursachen, sondern parallel stattfinden. Sie treten separat auf, allerdings beide zur gleichen Zeit.

Sie haben nun von mir eine kleine Einführung in die Psychologie der Emotionen bekommen. Jetzt wollen wir endlich zum Wesentlichen kommen, ich möchte Ihnen vorstellen, wie Sie Ihre Wahrnehmung verbessern können.

■ Emotionswahrnehmung üben

Nehmen Sie sich wieder die Tabelle aus dem Kapitel Körpersprache zur Hand und versuchen Sie anhand dieser, die Emotionen anderer Menschen einzuschätzen. Wie schon erwähnt, erfordert das etwas Übung. Sie werden mit der Zeit sicher in der Interpretation der Gefühle anderer.

Der nächste Schritt ist, sich Fotos von Personen anzusehen, auf denen unterschiedliche Emotionen sichtbar sind. Versuchen Sie die Bilder in die Basisemotionskategorien einzuteilen und festzustellen, ob ihr Arousal hoch oder niedrig ist und sie positiv gestimmt sind oder eher negativ. Durch dieses konkrete Benennen von Gefühlen bekommen Sie ein besseres Gespür für die verschiedenen Emotionen.

Um das ganze noch weiterzuführen, nehmen Sie sich nun Videomaterial zur Hand und versuchen Sie die Schauspieler genau zu analysieren. Es kann Ihr Lieblingsfilm sein, den Sie schon tausendmal gesehen haben oder ein Blockbuster, der gerade neu herausgekommen ist. Suchen Sie sich die richtigen Bezeichnungen für die gespielten Emotionen heraus und achten Sie auch auf die Körpersprache, Gestik und Mimik der Personen. Ziehen Sie nicht nur Basisemotionen, sondern auch komplexere Mischemotionen für die Analyse heran.

Jetzt haben Sie gelernt, Emotionen bei anderen wahrzunehmen. Infolgedessen sollten Sie Ihre eigenen Emotionen kennenlernen und benennen können. Eine sehr hilfreiche Übung hierzu kommt aus der Schauspielerei. Eventuell haben Sie schon einmal von "der Methode" gehört, auf die alle Schauspielstars schwören. Die Rede ist von Method Acting.

Zuerst, müssen Sie wahrnehmen, wie Sie Emotionen äußern. Nehmen Sie sich einen Spiegel zur Hand und versuchen Sie die verschiedenen Basisgefühle auszudrücken. Wie sieht Ihr Gesicht bei Freude aus? Wie bei Zorn? Haben Sie einen expliziten Gesichtsausdruck für Neid? Wo kann man nicht gut erkennen, welche Emotion Sie gerade ausdrücken wollen und wo ist es glasklar?

Beim Method Acting versuchen Sie dann, sich an vergangene Ereignisse zu erinnern, in denen Sie diese Emotionen verspürt haben. Sie schauspielern also die Emotion nicht, Sie spüren Sie aktiv im Hier und Jetzt. Das macht einen großartigen Schauspieler aus. Man sieht ihm oder ihr nämlich nicht an, dass sie schauspielern. Sie zapfen Ihre vergangenen Erfahrungen an und wirken so besonders authentisch, weil sie die dargestellten Gefühle ja auch wirklich spüren.

Man kann die Gefühle auch nicht immer haarscharf voneinander trennen. Manchmal verspürt man mehrere Emotionen auf einmal. Ich muss hierbei immer an die Geburt meines Kindes denken, bei der ich nicht nur Freude, sondern auch Erschöpfung und etwas Angst vor der Zukunft wahrgenommen habe. Diese Vermischung von Verspürten ist es, was die Emotionspsychologie so komplex macht.

Eine weitere Übung, um Emotionen bei Ihnen selbst wahrzunehmen, ist die sachliche Analyse von drei Ebenen. Denken Sie an eine vergangene Situation, die für Sie sehr emotionsgeladen war. Versuchen Sie, die Situation genau zu beschreiben. Beispielsweise ein Vortrag, den Sie gehalten haben und bei dem Sie großes Lampenfieber empfunden haben. Wie haben Sie diese Situation bewertet? Als bedrohlich oder als angenehm? Wie haben Sie reagiert? Sind Sie trotzdem auf die Bühne gegangen oder haben Sie die Rede abgesagt?

Die drei Ebenen sind also:

Situation

Bewertung

Reaktion

Führen Sie das nun mit einigen verschiedenen Situationen durch.

Gut funktionieren diese Übungen in kleinen Gruppen oder zu zweit, damit Sie sich Feedback geben können.

Sie haben jetzt also einiges über Emotionen und die Stärkung Ihrer Wahrnehmung gelernt. Außerdem haben Sie erfahren, dass das, was Sie sehen, nicht immer der Realität entspricht. Seien Sie sich dessen bewusst, wenn Sie diese Übungen durchführen. Lassen Sie uns inzwischen zur Nutzung der Emotionen kommen, damit Sie auch verstehen lernen, wie Sie Ihre Emotionen richtig einsetze können.

Nutzung von Emotionen

Zwischen Ihren Gefühlen und Ihrem Denken gibt es eine Wechselwirkung. Das bedeutet, Ihre Gefühle werden von Ihrem Denken beeinflusst und genauso wird Ihr Denken von Ihren Gefühlen beeinflusst. Sie können also Ihre Emotionen nutzen, um Ihre Gedanken in eine andere Richtung zu lenken. Stellen Sie sich folgende Situation vor:

Sie stehen morgens auf und merken, dass Sie keinen Kaffee mehr im Haus haben. Sie haben zu wenig geschlafen und sind nicht ausgeruht. Heute haben Sie jedoch einen langen Tag vor sich und gerade als Sie außer Haus gehen, fängt es auch noch an zu regnen. All diese Umstände sind ziemlich ärgerlich. Sie fühlen sich schlecht, sie würden am liebsten wieder ins Bett kriechen und sich die Decke über den Kopf ziehen.

Wie reagieren Sie jetzt sinnvoll, um Ihre Emotionen in eine positivere Richtung zu lenken? Was Sie tun können, ist sich einen Kaffee unterwegs zu besorgen. Sie können außerdem den Regen relativieren, indem Sie sich sagen, dass Sie jetzt Ihre Blumen nicht mehr gießen müssen, dass es dann grüner wird und die Pflanzen bess-er wachsen können, oder Ihr Auto endlich mal wieder gewaschen wird. Regen kann auch seine positiven Seiten haben. Zudem, können Sie dann Abends sicherlich besser einschlafen und werden morgen ausgeruht sein. Gehen Sie den Tag langsam an und nehmen Sie sich nicht so viel vor. Vielleicht können Sie auch einige Dinge absagen oder verschieben, die auf Ihrer To-do-Liste standen. Alles in allem kommt es auf Ihre kognitive Bewertung an. Nutzen Sie die Energie, der Wut, falls Sie diese empfinden sollten, um etwas aus diesem Tag zu machen.

Natürlich ist das leichter gesagt als getan.

Ich glaube allerdings stark an das Prinzip der Anziehung. Wenn Sie mit einer negativen Stimmung außer Haus gehen, werden Sie noch mehr negative Dinge anziehen. Das ist keinerlei eine esoterische Spinnerei, sondern simple Physik und Psychologie. Ihr Denken ist auf Katastrophe eingestellt. Sie haben dadurch eine Art Tunnelblick, mit dem Sie nur mehr die schlechten Dinge in Ihrer Umwelt wahrnehmen. Das ist genauso, wie wenn Sie gerade frisch getrennt sind und plötzlich nur mehr Pärchen auf der Straße sehen. Ihr innerer Blick ist auf diese Dinge ausgerichtet. Schwangere Frauen nehmen auch in Ihrer Umgebung mehr Schwangere wahr. Genauso tun das die Frauen, die gerade ein Baby verloren haben.

Sie sehen also, Ihre Kognition beeinflussen Ihre Wahrnehmung stark. Ihre Emotionen geben ihnen die richtige Intensität. Nutzen Sie sie also für einen guten Zweck und nehmen Sie mehr Positives in Ihrer Umwelt wahr. Es wird Ihnen nicht jeden Tag gelingen, aber je öfter Sie es probieren, desto mehr wird sich die Welt Ihnen öffnen.

Verstehen von Emotionen

Wir verstehen mittlerweile, welche Emotionen es gibt und wie sie entstehen. Im obigen Kapitel haben Sie Theorien und Übungen dazu gelernt und jetzt geht es daran, Ihre eigenen Emotionen zu verstehen. Hinterfragen Sie, warum Sie ein bestimmtes Gefühl verspüren und wann es auftritt. Sie haben zum Beispiel Abends vor dem Schlafengehen immer ein mulmiges Gefühl im Bauch, dass Sie daran hindert sich zu entspannen? Dann nehmen Sie es bewusst wahr, beobachten Sie es und nehmen Sie es an. Es geht nicht darum, Ihre Gefühle zu unterdrücken oder zu leugnen. Vielmehr geht es darum, sie zu akzeptieren und neu zu bewerten.

Umgang mit Emotionen

Womöglich hört sich diese Überschrift für Sie einleuchtend an. Sie wissen doch schon längst, wie Sie mit Ihren Emotionen umgehen müssen. Allerdings gibt es ein paar Dinge, die wir Menschen gerne übersehen. Wir haben manchmal einfach keinen Blick für unsere Eigenheiten und unser Gehirn trickst uns beinahe aus, wenn es darum geht uns kritisch mit uns auseinanderzusetzen. Es ist einfacher, mit positiven Emotionen umzugehen. Freude ist nichts, was man verstecken muss. Negative Emotionen werden dagegen häufig verdrängt. Lesen Sie sich deshalb die unten genannten Punkte gut durch und reflektieren Sie, in welchen Bereichen Sie eventuell noch Übung benötigen.

■ Loslassen

Manchmal schwirren einem die Gedanken im Kopf herum und man kann sich nicht davon lösen. Je mehr man versucht, nicht an etwas zu denken, desto präsenter wird es in unserem Gehirn. In der Psychologie spricht man auch von Rumination. Diese Gedanken sind häufig auch an negative Emotionen gekoppelt. Selten jedoch an positive. Hierbei gibt es eine Strategie, die Abhilfe schaffen kann. Lassen Sie Ihren Gedanken einfach mal freien Lauf. Lassen Sie los und geben Sie sich den Gefühlen hin. Versuchen Sie sie nicht wegzuschieben oder zu ignorieren oder krampfhaft an etwas anderes zu denken. Damit kommen wir auch schon zu unserem zweiten Punkt.

■ Emotionen spüren und aushalten

Nehmen Sie die Gefühle wahr, die in Ihnen ihr Unwesen treiben. Versuchen Sie sie zu benennen und akzeptieren Sie einfach mal das Gefühl der Wut oder der Trauer und Hoffnungslosigkeit. Es ist nicht möglich, immer gut gelaunt zu sein und schon gar nicht ist es möglich, das zu erzwingen. Sie sind ein Mensch, der in seinem Leben Höhen und Tiefen mitbekommen wird und diese gilt es auszuhalten. Leider wird uns das schon von Kindheitstagen an abtrainiert. Wenn Kinder weinen oder wegen etwas frustriert sind, versuchen Eltern häufig Sie durch Ablenkung von Ihren Gefühlen zu besänftigen. Sie geben Ihnen Süßigkeiten oder lassen Sie Fernsehen, was auch immer das Kind glücklich macht. Diese gut gemeinte Intention hat den nachteiligen Effekt, dass es den Erwachsenen, zu denen diese Kinder heranwachsen werden, schwerfallen wird, negative Situationen auszuhalten. Es schürt ein Suchtpotenzial, bei dem jeglicher Schmerz sofort unterdrückt werden soll. Auch seinen Kindern kann man beibringen, Schmerz und Leid einfach mal auszuhalten und weder mit Medikamenten noch mit tröstenden Gütern einzugreifen. Auch als Elternteil muss man diese brodelnden Emotionen dann natürlich aushalten lernen.

■ Körperliche Aktivität

In der Psychoanalyse gibt es das Prinzip der Katharsis. Das bedeutet Reinigung, gemeint ist eine Reinigung der Seele durch das Ausleben von Emotionen. Als Beispiel können Sie sich dazu das Boxen eines Kissens bei Wut vorstellen. Ich persönlich halte die Katharsis für ein fragwürdiges Instrument. Wie bei allen Dingen, reagieren wir Menschen auch hier individuell und was für den einen Druckabbau ist, macht den anderen noch wütender. Helfen kann jedoch körperliche Aktivität jeder Art, wenn Sie einmal in einem Gefühlschaos stecken und nicht mehr weiter wissen. Gehen Sie, sofern es Ihre Gesundheit zulässt, eine Runde joggen, Rad fahren oder schwimmen und versuchen Sie sich richtig auszupowern. Nach intensiver körperlicher Aktivität ist der Kopf meist klarer.

Ich habe in meiner Arbeit mit Ex-Häftlingen schon einige Klienten getroffen, die sich durch aggressives Verhalten aus dem Zwang Ihrer Gefühle befreien möchte. Sie sagten mir in Gesprächen, dass es für Sie eine Art Rausch ist, wenn Sie eine Schlägerei provozieren und Sie sich danach alles leichter anfühlt. Eine Umleitung dieser Energien in sportliche Aktivitäten hat für die meisten von ihnen gut gewirkt.

- **Verantwortung übernehmen**

Sie sind verantwortlich, für das, was Sie fühlen. Keine Einrichtung, keine Institution und keine Person kann das für Sie übernehmen. Situationen können natürlich Gefühle auslösen und Menschen können das auch. Wie Sie damit umgehen, welche Handlungsschritte Sie setzen, liegt jedoch ganz bei Ihnen. Seien Sie sich dessen bewusst, wenn Sie Wut gegen jemanden hegen, der Ihnen Unrecht getan hat. Die Person bekommt von Ihrer Wut nichts mit und Sie grämen sich und ruinieren sich eine schöne Zeit, weil Sie die Verantwortung auf jemand anderen abwälzen. Sie haben das Zepter in die Hand. Sie sind Herr über Ihre Gefühle und Ihre Handlungen!

- **Setzen Sie den Fokus auf positive Dinge**

Wie schon erwähnt, glaube ich an das Prinzip der Anziehung. Denken Sie also positiv und haben Sie eine gutmütige Einstellung, werden Sie auch mehr positive Dinge in Ihrer Umgebung wahrnehmen.

Jeden Tag, können wir Kleinigkeiten in stressige Alltagssituationen einbauen, die uns guttun. Das kann die Serie am Abend sein, die Sie sich vor dem Einschlafen ansehen. Es kann ein heißes Bad sein oder ein Eis, welches Sie sich in der Mittagspause gönnen. Ganz egal, was Sie glücklich macht. Konzentrieren Sie sich auf diese Wohltat und arbeiten Sie gezielt mit Vorfreude, um auch einen schlechten Tag ein Stückchen besser zu machen. Ich vernachlässige zum Beispiel Abends manchmal die Hausarbeit, um es mir mit einem guten Buch, oder Film und Tee auf der Couch gemütlich zu machen. So kann ich mich den ganzen Tag über auf etwas freuen und trotz Hürden und Hindernisse, die in unserem stressigen Alltag vorkommen, behalte ich ein Lächeln auf dem Gesicht.

■ Reflexion

Die Metaebene ist die Dimension unserer Aufmerksamkeit, in der wir uns Gedanken über unsere Gedanken machen. Reflektieren Sie Ihre Gefühle. Wann haben Sie welche Emotion wahrgenommen? Was könnte ein möglicher Auslöser gewesen sein? Wenn Sie weiblichen Geschlechts sind, kann es natürlich immer hormonell bedingt zu Stimmungsschwankungen kommen. Können Sie diese organischen Ursachen ausschließen, sehen Sie sich die Situation und den Kontext genauer an und versuchen Sie mittels Detektivarbeit, die Gründe für Ihre Gedanken und Gefühle herauszukristallisieren.

Denken Sie also über Ihr Denken nach und begeben Sie sich in eine andere Dimension, auf der Sie selbst Ihr Handeln und Fühlen steuern und mit sich im Austausch sind.

Mithilfe dieser Taktiken steigt die Lebenszufriedenheit an und das Stresslevel sinkt. So konnten wir es zumindest in einigen Studien beobachten. Sie haben nun also das nötige Wissen in der Hand, um Ihre emotionale Intelligenz zu verbessern. Üben Sie die oben beschriebenen Techniken einige Zeit lang und reflektieren Sie dann wieder, in der Metaebene, über Ihren Fortschritt. Was fällt Ihnen indessen leichter? Womit hadern Sie immer noch? In welchem Bereich will sich einfach keine Verbesserung einstellen?

Ideal sind 6 Wochen, bis hin zu zwei Monaten, um eine Veränderung wahrzunehmen. So lange braucht unser Gehirn nämlich im Durchschnitt, um sich neue Gewohnheiten anzueignen. Sie können diese Zahl als Faustregel nutzen, wenn Sie Ihre Gewohnheiten ändern wollen. Falls es bei Ihnen weniger als 6 Wochen sind oder auch mehr als 8, ist das natürlich auch in Ordnung, denn wir Menschen haben keine allgemeine innere Uhr, sondern ticken alle anders.

Im nächsten Abschnitt möchte ich mit Ihnen an Ihrem Selbstbewusstsein, Ihrer Motivation und Ihrer Empathie arbeiten, sowie Ihr Gruppenverhalten optimieren.

Selbstbewusstsein

Selbstbewusstsein ist das Wissen, um den Wert der eigenen Person. Sie sind einzigartig als Mensch und Sie sind wertvoll, egal welche Eigenheiten Sie auch haben mögen. Wir neigen alle zu harscher Selbstkritik und sich zu loben, fühlt sich nicht gut an. In vielen Kulturen, wie den skandinavischen Ländern, ist es sogar verpönt, Errungenschaften und erbrachte Leistungen in Gruppen anzusprechen. Auf Bescheidenheit wird größerer Wert gelegt. Und natürlich müssen wir nicht mit unseren Erfolgen prahlen und dadurch anderen ein negatives Gefühl vermitteln. Wieder geht es um einen Balanceakt zwischen selbstbewusstem Verhalten und Angeberei. Wenn uns jemand beispielsweise ein Kompliment zu einem Kuchen macht, den wir gebacken haben, dürfen wir es annehmen und uns bedanken. Wir dürfen sogar sage: “Ja, der ist mir wirklich gut gelungen.” Andererseits müssen wir uns nicht vor eine Gruppe stellen und davon erzählen, dass wir die besten Kuchen backen und, dass das sonst niemand so hinkriegt. Diese Art von Kommentar kann man mit etwas sarkastischem Ausdruckston jedoch auch wieder in eine niedliche Richtung lenken, die weniger prahlerisch wirkt.

Kommen wir zum Punkt – Wie stärken wir unser Selbstbewusstsein richtig und nachhaltig?

Ich bin großer Verfechter von Exposition. Gehen Sie aus Ihrer Komfortzone und tun Sie etwas, was Sie normalerweise nicht tun würden. Setzen Sie sich beispielsweise bei einem Vortrag in die erste Reihe. Stellen Sie Fragen, die Ihnen durch den Kopf schwirren und lassen Sie mal in einer schwierigen Situation Ihre Gefühle heraus.

Seien Sie gut zu sich selbst und loben Sie sich, wenn Sie etwas toll gemacht haben. Ich kenne viele Menschen, die dazu neigen nach einer Situation jede winzige Handlung zu überdenken und sich selbst damit irre zu machen, dass Sie womöglich falsch gehandelt haben könnten. Es gibt kein Richtig oder Falsch, zumindest meistens nicht, wenn es um Ihr Selbstbewusstsein geht.

Ganz wichtig – akzeptieren Sie sich so wie Sie sind! Nehmen Sie Ihre Andersheit oder Ihre Ähnlichkeiten zu anderen Personen an. Mit der Zeit lernen Sie sie sogar lieben. Wer weiß, vielleicht können Sie durch die Reflexion ja auch Verhaltensweisen identifizieren, die hinderlich für Ihr Selbstbewusstsein und Ihr persönliches Wachstum sind. Veränderung von Persönlichkeitseigenschaften bedeutet nicht, dass Sie sich nicht trotzdem selbst lieben können und es bedeutet ganz und gar nicht, dass Sie auf einmal einen anderen Charakter haben werden. Sie bleiben Sie und das ist auch gut so!

Selbstmotivation

Kennen Sie die Tage, an denen man zu gar nichts Lust hat und am liebsten nur im Bett liegen bleiben möchte? Ich denke, dass jeder von uns so etwas schon einmal erlebt hat. Unterschieden müssen wir hier ganz klar von einer klinischen Depression, bei der dieser Zustand über Wochen hinweg gleich bleibt und zwischen Problemen mit der Motivation, die man durch einfache Tricks erhöhen kann. Meine Turnlehrerin hat mir in der Oberstufe den Tipp gegeben, mir meine Sportsachen schon vor dem Sport, eventuell sogar am Tag davor, zurechtzulegen. Dadurch, dass ich Sie den ganzen Zeitraum über, den ich zu Hause bin, im Blickwinkel habe, erhöht sich die Präsenz des Vorhabens und gleichzeitig die Wahrscheinlichkeit, dass ich wirklich Sport machen werde.

Feiern Sie auch Ihre Erfolge, wie einen geschafften Abschluss oder auch ein weiteres überstandenes Lebensjahr. Sie können so richtig auf den Putz hauen und sich selbst wirklich zu Ihren Leistungen gratulieren. Somit erhöhen Sie die Vorfreude und die Motivation auf ein nächstes Kapitel in Ihrem Leben.

Erfolgsgeschichten in einem Tagebuch zu notieren und so zu sehen, dass auch Fehler nicht zwangsläufig zu einer rollenden Lawine der Probleme führen, kann ebenfalls hilfreich sein.

Selbstmanagement

Sind Sie gut darin, sich selbst Zeitpläne zu erstellen und in schwierigen Zeiten trotz erschwerender Umstände alles auf die Reihe zu bekommen? Wenn Sie hier mit Ja antworten, können Sie diesen Punkt getrost überspringen. Sie verfügen bereits über die notwendigen Skills und haben ein hohes Maß an emotionaler Intelligenz, welches Sie im Alltag einsetzen können, um über Hindernisse hinwegzukommen.

Sollten Sie allerdings mit Nein geantwortet haben, möchte ich Ihnen gerne etwas Unterstützung in diesem Bereich geben.

Wie oben schon erwähnt, sind Listen hilfreich. Wenn ich zur Arbeit komme, mache ich mir als Erstes eine Liste an Personen, die ich sehen muss und schreibe mir gleich dir Themen dazu, die mit diesen Menschen besprochen werden müssen. Je mehr Menschen auf dieser Liste stehen, desto mehr muss ich Prioritäten setzen und dringendere Fälle vorziehen. Danach mache ich mir einen Zeitplan, wann ich wen, wo sehen kann und vereinbare mir Termine mit den Leuten. Ich plane hier gerne extra Puffer ein, um auf unvorhergesehene Ereignisse vorbereitet zu sein. Es ist jedoch meistens möglich, sich ungefähr an die Einteilung zu halten.

Gleich ging ich während meiner Studienzeit mit geballten Phasen um. Meistens zumindest, als Student hat man die nötige Leichtigkeit und Flexibilität auch mal alles kreuz und quer zu unternehmen.

In der Erwachsenenwelt ist es jedenfalls sinnvoll, Dinge nicht gleichzeitig erledigen zu wollen, sondern die Punkte auf der Liste Schritt für Schritt abzuarbeiten. Jedoch ertappe ich mich selbst auch immer wieder dabei, wie ich zum Beispiel telefoniere und nebenbei den Haushalt mache. Ich sehe auch gerne fern, während ich bügle oder Kleidung sortiere und wegräume. Wenn Sie sich mit Multitasking wohlfühlen und das gut meistern, finde ich sollten Sie auch „multitasken" dürfen.

Perfektionismus ist bei einem vollgestopften Tag nicht notwendig. Solange Sie alles nach bestem Wissen und Gewissen erledigen, dürfen Sie stolz auf sich und ihr gelungenes Selbstmanagement sein.

In der emotionalen Intelligenz geht es aber nicht darum, Ihre Motivation in beruflichen Angelegenheiten zu erhöhen. Es geht vor allem auch darum, Ihre Emotionen zu kontrollieren und bewusst zu steuern. Sie können sie einsetzen, wenn Sie sie brauche oder aber auch zur Seite schieben und zu einem späteren Zeitpunkt wieder aufrollen, um sich damit zu beschäftigen. Weiters planen Personen, die über ein großes Ausmaß an Selbstmanagement verfügen, Ihre Ziele genau und sie verfügen auch über die notwendige Flexibilität, um den Weg zur Zielerreichung hin und wieder anzupassen, wenn er nicht realistisch ist.

Zeitmanagement und Selbstmanagement sind also wichtige Fertigkeiten im Umgang mit Emotionen und in der erfolgreichen Bewältigung unserer fordernden Umwelt.

Engagement in Gruppen

Mit Engagement in Gruppen ist die Fähigkeit gemeint, Beziehungen einzugehen und diese auch über einen längeren Zeitraum aufrechtzuerhalten. Wertvolle und positive Beziehungen bereichern das Leben ungemein. Um dieses zu fördern, sehen Sie sich das Kapitel zu den Gesprächstechniken noch einmal an und lesen Sie sich auch die Kommunikationstechniken durch, die in diesem

Buch beschrieben werden. Ein erfolgreiches Konfliktmanagement ist der Schlüssel zu langjährigen, stabilen Beziehungen.

Konflikte löst man aus meiner Erfahrung heraus am besten mit offenen Gesprächen. Sie vermitteln Ihre Anliegen mittels Ich-Botschaften, anstatt feindliche Schuldzuweisungen zu machen. Anstatt zu sagen: "Du trägst nie den Müll hinaus.", sollten Sie die Situation lieber so ansprechen: "Ich finde, dass du mehr im Haushalt helfen könntest. Zum Beispiel den Müll runtertragen, wenn du vor die Türe gehst." Mit dieser Aussage verfassen Sie eine Botschaft, die Ihre Gefühle zum Ausdruck bringt und gleichzeitig einen Lösungsvorschlag beinhaltet. Diese Themen wurden allerdings schon genauer in den Kommunikations- und Gesprächstechniken erläutert.

Auch wichtig ist die Art des Gesprächs. Es empfiehlt sich allenfalls ein persönliches Gespräch, kein Telefonat und ganz besonders keine Chat-Nachrichten oder SMS. Hier kommt es sehr schnell zu Missverständnissen, die persönlich leicht geklärt werden können.

Ebenfalls gemeint sind Führungsqualitäten. Wie leitet man ein Team richtig an? Wie setzt man erfolgreiche Teams zusammen? Ein einziger Störfaktor kann das ganze Team auseinanderreißen. Es ist also Vorsicht geboten, bei der Mitarbeitersuche und bei der Auswahl seiner Teammitglieder. Nicht nur fachlich und kompetent müssen alle auf dem gleichen Niveau sein. Viel wichtiger ist das zwischenmenschliche. Sie müssen sich verstehen und auf einer tieferen Ebene miteinander verbunden sein.

Gehen wir also weiter zu dieser emotionalen Verbundenheit unter Menschen und sprechen wir über die Empathie oder das Einfühlungsvermögen. Im ersten Teil des Buches wird dieser Fähigkeit schon ein großer Abschnitt gewidmet, weswegen ich hier nur mehr ganz kurz darauf eingehen möchte.

Empathie oder Einfühlungsvermögen

Empathisch zu sein, lernt man über viele Jahre hinweg. Idealerweise fängt das Training bei den Kleinsten an. Wir verfügen allerdings auch über eine biologische Empathie für unsere Spezies. Da wir Menschen Herdentiere sind, ist es für unser Überleben wichtig, dass auch unsere Gruppe überlebt und deswegen sind wir für die Mitglieder der Gemeinschaft da.

Um Ihre eigene Empathie zu verbessern, räumen Sie zuerst mit Vorurteilen auf. Sehen Sie eine Person als unbeschriebenes Blatt, von der Sie erst lernen müssen. Sie haben keine Ahnung, wer dieser Mensch ist, was seine Schwächen und Stärken sind. Gehen Sie wirklich unvoreingenommen in das Gespräch hinein.

Wenn Sie das Verhalten der anderen seltsam finden, hinterfragen Sie die Beweggründe. Denken Sie sich, warum könnte dieser Mensch so handeln. Gibt es einen triftigen Grund, über den diese Person keine Kontrolle hat? Hat sie sich irgendwo daneben benommen und konstruktive Kritik könnte die Lage verbessern? All diese Fragen müssen Sie sich stellen.

Lernen Sie aber auch Ihre eigenen Gefühle und sich selbst besser kennen, um andere zu verstehen. Ich hoffe, in diesem Buch haben Sie schon ein paar Dinge über sich selbst in Erfahrung bringen können.

Im vorletzten Kapitel möchte ich Ihnen noch etwas über Lügen erzählen. Es ist wieder mal ein kleiner Exkurs in ein konträres Thema. Trotzdem passt es sehr gut in die Thematik der Manipulation und der Kommunikation.

Lügen erkennen

Lügen gehören zu unserem Leben wie die Wolken am Himmel oder das Wasser im Meer. Sie sind allgegenwärtig und ich kann mit Sicherheit sagen, dass Sie in Ihrem Leben schon mal belogen wurden oder selbst gelogen haben. Es gibt Lügen aus Uneigennützigkeit und aus purem Egoismus. Wir lügen häufig, um uns Ärger zu ersparen. Aber auch aus Bequemlichkeit, weil wir auf der Grund der Wahrheit etwas tun müssten oder, um von anderen gemocht zu werden. In manchen Situationen finden wir als Gesellschaft das Lügen sogar in Ordnung, wenn es beispielsweise darum geht einem Freund zu helfen oder weniger Steuern zu zahlen oder eine Beziehung zu retten. Manchmal würde die Wahrheit dem anderen auch einfach nur wehtun und wir würden sie nur aus einem einzigen Grund sagen – um unser Gewissen zu entlasten. Egal, warum wir lügen, zu erkennen, ob jemand die Wahrheit oder die Unwahrheit sagt ist leider eine der schwersten Fähigkeiten, die es zu erlernen gibt. Ein gekonnter Täuscher weiß um die Verhaltensweisen, die zu einer Situation passen und kann diese gekonnt einsetzten, um Sie hinters Licht zu führen.

Mit den Verhaltensweisen, die Sie in den Kapiteln Mimik und Gestik gelernt haben, können Sie aber realistisch einschätzen, ob jemand sich wohlfühlt oder nicht. Grundsätzlich fühlen sich Menschen nämlich wohler, wenn sie ehrlich sind.

Nicht einmal geübte Polizeibeamte können immer erkennen, wenn jemand lügt. Es kommt auf die vielen feinen Bewegungen an, die es alle zu beachten gilt. Es ist also eher Glückssache, jemanden beim Lügen zu ertappen.

Was man allerdings lernen kann, sind Signale des Körpers richtig zu deuten. Wenn Sie jemanden damit konfrontieren, dass seine Körperhaltung Ihnen zu verstehen gibt, dass er sich unwohl fühl oder dass ihm etwas nicht gefällt, wird er Ihnen womöglich die Wahrheit sagen.

Seien Sie sich also immer bewusst, dass wir nie eindeutig wissen können, ob jemand lügt und versuchen Sie niemanden vorschnell als Lügner zu bezeichnen, der eventuell einfach nur unter Stress steht.

Abschließende Worte

Im letzten Kapitel dieses Buches haben Sie kurz und knapp gelernt, dass Lügen nicht so einfach aufgedeckt werden können, wie man denkt.

Ich kann Sie also durch diesen Ratgeber nicht zu einem menschlichen Lügendetektor ausbilden. Bücher, die dies versprechen, sind eher mit einem gewissen Vorbehalt zu genießen. Sie können aber lernen, wie man die kleinen subtilen Gesten und Gesichtsbewegungen, die Wohlbehagen oder Unwohlsein ausdrücken, richtig interpretieren kann.

Ebenfalls haben Sie eine Einführung in die Kommunikationspsychologie und psychologische Gesprächsführung bekommen. Die emotionale Intelligenz wurde gefordert und gefördert und Sie haben nur das Wissen, Ihren geistigen Horizont zu erweitern und in all den Bereichen, die wir in diesem Buch besprochen haben, eine Verbesserung zu erzielen.

Wenn Sie das nächste Mal einen Vortrag halten, erinnern Sie sich an die Rhetorik Fähigkeiten und all die Tipps und Tricks, die unsere Zuhörer zu mehr Interesse verleiten können. Sie wollen schließlich ein gebanntes Publikum, das an Ihren Lippen hängt und keine halb schlafende Bande.

Denken Sie auch an die Kommunikationsmodelle. Das 4 Ohren Modell wird immer wieder in Seminaren eingesetzt, um Personen zu verdeutlichen, dass sie auf mehreren Ebenen kommunizieren. Das, was Sie sagen, kann also von Ihnen ganz anders gemeint sein, als die Botschaft, die der andere versteht. Missverständnisse können durch erfolgreiche Kommunikation und Konfliktlösestrategien weitestgehend vermieden werden.

Nun müssen Sie Ihr Wissen nur mehr richtig einsetzen. Versuchen Sie in Gesprächen die Gesprächs- und Kommunikationstechniken einzusetzen, die Sie hier gelernt haben. Beobachten Sie Ihr Gegenüber und versuchen Sie, seine Körpersprache zu analysieren. Sie haben indessen die wichtigsten Werkzeuge zur effektiven Kommunikation in der Hand. Viel Glück in Ihrem nächsten Gespräch!

Haftungsausschluss

Dieses Buch enthält Meinungen und Ideen des Autors / der Autorin und hat die Absicht, Menschen hilfreiches und informatives Wissen zu vermitteln. Die enthaltenen Strategien passen möglicherweise nicht zu jedem Leser, und es gibt keine Garantie dafür, dass sie auch wirklich bei jedem funktionieren. Die Benutzung dieses Buchs und die Umsetzung der darin enthaltenden Informationen erfolgt ausdrücklich auf eigenes Risiko. Haftungsansprüche gegen den Autor für Schäden materieller oder ideeller Art, die durch die Nutzung oder Nichtnutzung der Informationen bzw. durch die Nutzung fehlerhafter und/oder unvollständiger Informationen verursacht wurden, sind ausdrücklich ausgeschlossen. Das Werk, inklusive aller Inhalte, gewährt keine Garantie oder Gewähr für Aktualität, Korrektheit, Vollständigkeit und Qualität der bereitgestellten Informationen. Druckfehler und Fehlinformationen können nicht vollständig ausgeschlossen werden.

Impressum: Ataro Kitap Yayincisi, Ismet Kaptan, Gazi Blv. No:116, 35210 Konak/Izmir, Turkey, atarokitap.izmir@gmail.com

Printed in Poland
by Amazon Fulfillment
Poland Sp. z o.o., Wrocław

18472339R00075